幸運《HAPPY!》を引き寄せる行動心理学入門

Introduction to Behavioral Psychology to Attract Good Luck

植木理恵

宝島社

幸運を引き寄せる行動心理学入門

植木理恵

宝島社

はじめに

人はどうしたら幸せになれるのでしょうか？

「お金があれば幸せ」「素敵な恋人がいれば幸せ」「気の置けない友人がたくさんいれば幸せ」「ストレスがなければ幸せ」……。

誰しもが、漠然とではありますが、幸福になるための条件を頭の中でつくり上げているのではないでしょうか？

しかし、多くの人が薄々感づいているように「これがあれば幸せ」というのは、思い込みにしかすぎません。お金がある生活にはいずれ慣れてしまうし、魅力的な恋人は浮気をするかもしれない、友人が多いと自分の時間がつくれないし、平穏な日々が続くと退屈です。

イギリスの小説『クリスマス・キャロル』の主人公・スクルージは、強欲でお金だけが自分を幸せにしてくれると考える守銭奴でした。彼は金儲けのことしか考えずまわりの人から嫌われていましたが、

３人の幽霊の超常的な力で、自分の過去・現在・未来を見つめ直し改心します。そして、何よりも大事にしていたお金を周囲の人のために使うようになり、幸せな生活を送れるようになるのです。

スクルージは３人の幽霊のおかげで、「お金が自分を幸せにしてくれる」という思い込みから解放され、幸せになることができました。

では、現実世界で私たちを幸せに導いてくれるものはなんでしょうか？　すぐに、そして効率的に幸せになりたいのであれば、行動心理学の知見を生かすことをおすすめします。

優秀な心理学者たちが巧妙かつ精緻《せいち》な実験を重ねて解き明かした「幸せになるためのルール」。それを知って、思い込みから解放されれば、自然とあなたのもとへ幸運が訪れるはずです。

二〇一七年九月　植木理恵

Introduction

CONTENTS

01 ビジネス×行動心理学

02 人間関係×行動心理学

コンセンサスが…
スキームが..
ストラテジーとして..

03 ルーティーン×行動心理学

04 恋愛×行動心理学

column

幸運と行動心理学の関係性

何をやってもうまくいかないときは、「これでもか！」というほど不幸なことが続きますよね。仕事での失敗や友人との喧嘩、生活の乱れや恋愛でのストレスなど、嫌なことが積み重なってメンタルはぼろぼろ。心が乱れているから、さらに失敗を重ねてしまうなんて悪循環に陥りがちです。こんなとき、どうしたら悪循環を断ちきり幸運をつかむことができるでしょうか？　ぱっと思いつくのは、運がいい人の行動を真似するという方法です。幸せそうな人の行動には、幸福になるためのヒントが隠されていそうです。

しかし、真似するにしても、どの行動を真似したらいいのか迷ってしまいます。それに参考にするサンプルがひとりだけというのも不安です。できることなら、本当に運がいい人をたくさん集めて彼らに共通する行動だけを真似するのが、一番効果がありそうですよね。

KEYWORD

①ポジティブ心理学
マズローの人間性心理学の流れを汲む、セリグマン教授により創設された学問。

KEYWORD

②幸福度
「自分が感じる幸せ度合い」を被験者に聞いて得られた主観的な値であることが多い。

そんなわがままを叶えてくれるのが、行動心理学です。行動心理学は、人の心を分析する心理学の中でも、エビデンス（証拠）を重視する分野。心理学者が鋭い洞察力で立てた人の心に対する仮説を、実験や大規模なアンケートを通じて実証していくものです。とくに近年は、行動心理学の要素を十二分に受け継いだ「ポジティブ心理学（①）」という学問が注目を浴びています。以前は「精神疾患を抱える人のためのもの」というイメージがあった心理学ですが、人生を充実させるための方法を研究するポジティブ心理学の登場によって、心理学は私たちの生活により身近な学問となりました。

ポジティブ心理学をはじめ、行動心理学には「幸福度（②）が高い人と幸福度が低い人では、行動にどのような違いがあるか？」「どのような行動が人の幸福度を高めるか？」といった研究が数多くあります。それらの研究は幸福度が高い人をたくさん集めて、本当にとるべき行動だけを抽出しているといえるのです。そんな行動心理学の研究成果を知れば、幸せになるための手がかりをきっと手に入れることができるでしょう。

CHAPTER

01

ビジネス × 行動心理学

ビジネス×行動心理学

01

人間は基本的に反対意見を受け入れない

「和をもって貴しとなす」は嘘

何か大きな決断をするとき、人はそのメリットとデメリット（①）を吟味します。家を買う場合なら、「ローンが暮らしを圧迫しないか」「物件の資産価値はどのくらいになるのか」「賃貸の方が得ではないのか」などです。しかし、そういった検討が実は合理的に行われておらず、**自分の結論を補強するような意見しか耳に入ってこないのではないか**と考えたのが、プリンストン大学の心理学者であるダーリー（②）とグロスです。

1983年、彼らはそれを証明する実験を行いました。実験の被験者に「小学校4年生の女の子が遊んでいる映像」と「その女の子が先生から出される問題に回答している映像」を見せ、そこから女の子の学力を判断してもらいます。このとき、被験者には事前に「女の子の家庭は貧乏」または「女の子の家庭は裕福」という情報が与えられており、「貧乏だから、勉強する機会が少なく学力が低いはずだ」といった具合に、事前に決めつけをするように誘導されていたのです。その結果、**同じ映像を見たのにもかかわらず、「女の子の家は**

KEY WORD

① メリットとデメリット

ある行動をとったときに得られる価値と損失のこと。人間はつねにメリットやデメリットを考慮した合理的な行動選択ができるわけではないことが、心理学の研究からわかっている。

② ダーリー

プリンストン大学の元教授。社会心理学の権威。現場にいる人数が多くなると、その場で困っている人を助けなくなるという「傍観者効果」を証明する実験を行ったことで有名。

貧乏だ」と伝えられた被験者は女の子の学力を低く予想し、「女の子の家庭は裕福だ」と伝えられた被験者は女の子の学力を高く予想したのです。もちろん、その映像は女の子が難しい問題に正解したり、簡単な問題を間違えたりして、学力が判断しにくいようにつくられています。しかし、「家庭の裕福さ」という情報を与えられることで無意識に少女の学力を決めつけてしまい、その意見を補強する情報だけに目をつけて自分の考えを深めていったのです。

おもしろいことに、見せる映像を長くするほど被験者は都合のいい根拠を数多く見つけ出し、「女の子の学力は低い」または「女の子の学力は高い」といったように、決めつけを深めていったのです。

反対意見を収集する時間をつくる

この実験から、人間は基本的には自分の意見を補強する情報しか目に入らなくなってしまうことがわかりました。このように偏った情報しか得られなくなってしまう傾向のことを「確証バイアス（③）」といいます。無意識のうちに確証バイアスが働いてしまうことは、

KEY WORD

③ 確証バイアス

人が自分の意見の根拠となる情報ばかり探し、自分の意見を否定する情報に注目しなくなる傾向のこと。主に認知心理学や社会心理学で使われる用語である。確証バイアスが働く代表的な例が、血液型占い。「A型は几帳面」といった結論を信じていると、そうでない場面はたくさんあるはずなのに、それに合致する行動ばかりに注目してしまう。そして科学的な根拠のない血液型占いを、たくさんの人が信じてしまうのである。

ダーリーとグロスの実験以外にも、さまざまな研究によって実証されているのです。

この確証バイアスはやっかいな存在です。家を購入するときの例でいえば、マイナス要因を検討しきれなかったために後悔することになりかねません。また、会議では熱心に自分の案をプレゼンしても、根拠に客観性がないため、相手に受け入れられません。そのため、**何か大きな決断をするときは、自分の意見を否定する情報を収集する時間を多めにとってみるとよい**でしょう。第三者の目線に立ち「本当にそうなのか」「確証バイアスがかかっていないか」を検討してみるのです。

確信を持つということ自体は行動する上で大事なことですが、正しい選択をして、よりよい未来を築いていくためにも、さまざまな方向からの意見をとり入れたいものですね。

行動心理学+α

「自分の物」は譲れない？

実験 保有効果の実験

自分の意見のように、人には「自分の物」を重要視する傾向が。マグカップをプレゼントしてそれをいくらなら売るか質問する実験では、自分の物を手放したくない心理「保有効果」が働き、通常の2倍以上の価値をつけたといいます。

ビジネス×行動心理学

02

ネガティブな人は成功しやすい

ポジティブ思考は失敗のもと？

これまで、自分の長期的な目的を達成するためには、成功したときの自分をイメージする、自分を肯定的にとらえるなど、いわゆるプラス思考の発想が大切だとされてきました。

ところが、**さまざまな研究によると、これらのポジティブな思考法の大部分には、効果がないことがあきらかに**なっているのです。

カリフォルニア大学ロサンゼルス校（①）のリアン・ファムとシェリー・テイラーは、学生を2つのグループに分けて、毎日数分間、片方のグループにはテストでいい点をとった自分を想像させ、もう片方のグループには、いつもと同じように過ごすように頼みました。

そして実際のテストの成績を比べてみたところ、**テストでいい点をとった自分をイメージしたグループは、何もしなかったグループより成績が悪かったのです。**

1日にわずか数分間でしたが、テストでいい成績をとることがどんなにいい気分かを知った学生たちは、実際には何もしていないのに充実したような気分になって、目的を達成しようとする意欲をな

KEY WORD

① カリフォルニア大学ロサンゼルス校
アメリカ・ロサンゼルスにある州立大学。通称・UCLA。政治経済、学問、文化、スポーツなど、さまざまな分野で活躍する人材を輩出している名門校。

② ドーパミン
脳内にある神経伝達物質の1つ。快感や多幸感を得たときに分泌される。ドーパミンが分泌されると、意欲や、やる気が高まる。過剰に分泌されると、ギャンブル依存症などを引き起こすこともある。

くしてしまったのでした。

このように、成功をイメージすることは、必ずしも目的達成の助けとはならないことがあるのです。

では、なぜ自分の成功した姿をイメージすることが、失敗へとつながるのでしょうか。自分が成功した姿を思い浮かべると、人間の脳の中では**ドーパミン**（②）が分泌されます。**ドーパミンが分泌されると、何もしなくても充実した気分になるため、「目標実現のために頑張ろう」という意欲が失われてしまいます。**「限界まで頑張らなくていい」「無理をするのはよくない」というポジティブ思考の風潮が世間に広まった結果、**本当は努力が必要な人たちまで、「目標実現まで頑張ろう」という気持ちを持てなくなってしまっている**のです。

成長するのに必要なネガティブ思考

いっぽう、**ネガティブ思考**（③）の人は、いつも最悪の事態を考えています。そのため実際に最悪の事態が起こったとしても、**先読**

KEY WORD

③ ネガティブ思考
物事について、よい方向に考えることができず、悲観的になってしまうこと。マイナス思考ともいう。ネガティブ思考に陥ると「負の連鎖」が起こるといわれる。

④ 先読み
将来に起こることを予測すること。先読み力があれば、トラブルを未然に防ぐことができるし、起こってもスピーディーに対処できる。ビジネスでは、市場の動向などを予見する上で重要とされている。

み（④）をしているため、冷静に行動することができるようになります。

また、ネガティブ思考の人は、自分のどこに問題があるのかを、いつも考えているため、それが自己成長につながっていきます。

このように、**ネガティブな思考は、自己の目標を実現し、成功するためには非常に重要なもの**です。

しかしネガティブ思考の人には、失敗を恐れてなかなか実行に移れないとか、小さなミスでも引きずってしまい、抜け出せなくなるという面もあります。これはネガティブ思考のマイナス面です。

大切なのは、ポジティブ思考とネガティブ思考のいいところをとり入れ、バランスよくやる気を出していくことなのです。

行動心理学＋α

ネガティブで記憶力アップ？

実験 記憶力の実験

心理学的な実験によって、人間は、ネガティブな気分のときの方が、記憶力がアップし、ミスを防ぐことが立証されています。買い物の内容にしても、雨で寒い日の方がネガティブになるため、よく覚えているということです。

※ネガティブな自分とポジティブな自分のバランスをとって

ビジネス×行動心理学

03

プライベートを充実させた方が年をとったあと後悔しない

人生最後の後悔

もしあなたが、人生の最期の瞬間を迎えたとしたら、どんなことを**後悔①**するでしょうか？

ある調査によると、人生の最期を迎えようとしている人たちに、後悔していることを聞いてみると「自分のやりたいことをやらなかったこと」「夢を叶えられなかったこと」「趣味に時間を割かなかったこと」などが上位に入っています。

別の調査では、大学生が前回の冬休みについて感じている後悔と、40年前の卒業生が当時の冬休みを振り返って感じている後悔について調査したところ、興味深い結果が出ました。学生たちは前回の休暇にちゃんと勉強しなかったことを後悔し、卒業生たちは40年前の休暇に思いきり遊んでいなかったことを後悔していたというのです。

この結果から、**同じ出来事に関しても思い出すタイミングによって後悔する内容が変わることがわかります。**年をとって遊べなくなると、遊ばなかったことに後悔するようになるのですね。将来後悔したくなかったら、思う存分遊んでおくとよいでしょう。

KEY WORD

① 後悔

人間の記憶は事実に忠実ではなく、記憶を美化したり、過去の記憶も経つうちに、悪いところだけ忘れて、いい記憶だけ残ったりすることがよくある。嫌な記憶（ネガティブな記憶）は人の心に悪い影響を与えるため、いつまでも鮮明に残っていると、精神が壊れてしまいかねない。そのため脳がネガティブな記憶を表層記憶から深層へと押し込め、よい記憶（ポジティブな記憶）だけを比較的長く保持しているからだとされている。

ビジネス×行動心理学

04

自分のためでなく、チームのために働くと幸せになる

「物」を買っても幸せになれない

私たち人間は、どんな行動をしたときに、より多くの幸福感を得ることができるのでしょうか？

幸せなお金の使いかたを紹介した本『Ｈａｐｐｙ Ｍｏｎｅｙ』の著者であるハーバード大学ビジネススクールのマーケティング専門家**マイケル・ノートン博士**とカナダ・ブリティッシュコロンビア大学の心理学者**エリザベス・Ｗ・ダン博士**（①）が、アメリカの語学学校ハーバードスクエアの女性を対象に行った実験によれば、**人間は自分のためではなく、人のためにお金を使ったときの方が、幸福感を得やすいという結果が出た**というのです。

これは、私たちは、自分の欲求のおもむくままに「物」を買ってお金を使うよりも、人を助けたり、喜ばせたりするためにお金を使った方が、幸せを得られるということです。

どうしてこんな結果になったのかというと、私たち人間は「群れをつくる動物」であるからだとされています。

人間は、何も特別な存在ではなく、サルと共通の祖先を持つ動物

KEY WORD

① マイケル・ノートン博士／エリザベス・Ｗ・ダン博士

ノートン博士はＴＥＤ（カナダのバンクーバーで行われる大規模な講演会）にも出演している若手心理学者のひとり。ダン博士はＮＨＫの「幸福学白熱教室」にも出演した新進の研究者。

② 承認欲求

人間が持つ「他人から認められたい」という感情や欲求のこと。行動を起こすための強いモチベーション（動機）になるとされている。

にすぎません。かつて人間が野生動物として生きていたころ、ほかの野生動物と比べて、身体的・能力的に見て、けっして優位に立っていたとはいえませんでした。シマウマなど草食動物は、群れをつくってライオンやヒョウなどの肉食動物に対抗しますが、人間も草食動物のように群れをつくって、お互いを守り合っていたのだと考えられています。

自然の法則からすると、自分にはなんの得もないのに他人を助ける行為は、生き残るのに不利だという見方もあります。

しかし、最近の研究によれば、石器時代にグループ同士の争いが起こった場合、自分より他者を優先させる人間が多いグループが、進化上有利だったとされています。

人間は他者のために働く存在

このように、**誰かのために何かをすることは、人間にとって非常に大切で、幸福を感じる**ことです。

また、**他人のために働くとまわりの人に喜んでもらえます。それ**

KEY WORD

③ 利他的行動

自分が時間、お金、労力などの不利益を負うにもかかわらず、他者に利益を与える行動をすること。対義語は、利己的行動。人だけでなく、動物にも見られる行動で親が子を守る場面などが該当する。

④ 情けは人のためならず

「人に親切にすることは相手のためになるだけでなく、やがてはよいことになって戻ってくるので、自分のためでもある」ということわざ。

はつまり、自分の存在を他人に肯定してもらえるということでもあるのです。

自分を肯定してもらえれば、「承認欲求②」が満たされるので、私たちは幸福感を覚えるのです。

何かしてあげても直接のリターンを期待できない、血縁関係を持たない相手に対し、相手の利益になる行動をするのは、人間だけだといわれています。このような利他的行動③が、人間社会の機能を維持し、安全を保つのに必要だということを、人間は本能的に知っているのです。

日本にも「情けは人のためならず④」ということわざがあるように、人間とは本質的に自分だけではなく、他人のため、自分のグループ（チーム）のために働くことに喜びを感じる存在なのです。

行動心理学＋α

ストレスで記憶力が悪くなる？

用語 **ストレスによる記憶障害作用**

私たちの記憶は、脳の「海馬」という部分に一度たくわえられ、整理されてから「大脳皮質」に蓄積されていきます。ストレスなどで海馬の働きが鈍ると、新しい記憶が定着せず、古い記憶だけ覚えているといったことが起こります。

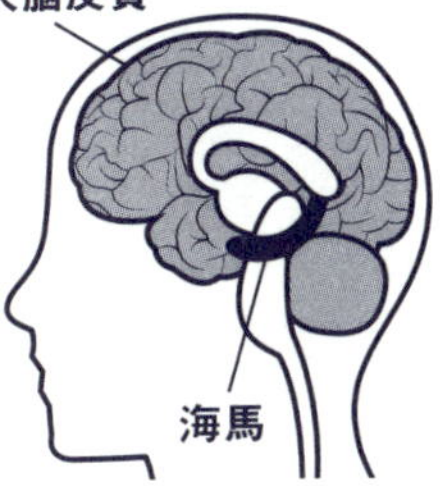

ビジネス×行動心理学

05

「ストレスは体に悪い」という思い込みが寿命を縮める

ストレスは本当に悪者？

これまでストレスは人間の体にホルモン異常（①）を起こし、がんや糖尿病といった病気の原因となり、さらには突然死さえ引き起こす、と考えられてきました。

そのため、企業はこれまで社員たちのストレスのレベルを下げることを優先的に考えてきました。ストレスが少なくなれば生産性が上がり、医療保険の負担も少なくなると考えられるからです。

ポジティブ心理学の第一人者であるショーン・エイカー、スタンフォード大学マインド&ボディ・ラボのアリア・クラム、イェール大学エモーショナル・インテリジェンス・センターのピーター・サロベイは、国際金融機関UBS（②）の投資銀行部門で400名近い従業員を対象として、ストレスに対する意識を調べました。

すると、「ストレスは、仕事にも健康にもマイナスの影響をもたらすので避けるべきだ」と考える人たちに比べて、「ストレスは成長につながる」と考える人々は、より健康的で、人生の満足度が高く、仕事ぶりも優れていることがわかりました。

KEY WORD

① ホルモン異常
過度なストレスにさらされると、分泌される「コルチゾール」の量が増えるとされている。コルチゾールは血糖値を上げ、高血糖による糖尿病や動脈硬化を引き起こす。

② 国際金融機関UBS
スイスのチューリヒとバーゼルに本拠を置く世界でも有数の金融持株会社。1998年にスイス・ユニオン銀行（UBS）とスイス銀行コーポレーション（SBC）が合併して発足した。

ストレスは学習と成長の糧

さらにエイカーたちは、もう1つの実験を行いました。UBSのマネージャーたちを2つのグループに分け、それぞれ別の3分間のビデオを見せたのです。

第1のグループに見せたのは「1日におよそ100万人の労働者がストレスによって欠勤している」「ストレスは人類の生存にとって脅威になっている」など、ストレスのマイナス面を紹介したもの。第2のグループに見せたのは、「ストレスが脳の働きを活性化して記憶や知能をアップさせ、体の傷の回復も早まる」というストレスのプラス面（③）を紹介したものでした。

どちらのビデオの内容も事実ですが、見て受ける印象には大きな違いがあります。

1週間後、2つのグループの参加者のストレスレベルがどのような影響を受けたのかを調べてみると、驚くべき結果が出ました。

ストレスのプラス面を強調したビデオを見たグループは、ストレス性の頭痛や腰痛、疲労感などの身体的症状が23％も軽減したとい

KEY WORD

③ ストレスのプラス面

人間は、温度が一定で、まったくストレス（刺激）を感じない環境に置かれると、体温調節機能などの生命維持に必要な機能が衰えることが知られている。また、暗示にもかかりやすくなるという。

④ マインドセット

物事に対する考え方や見方のことで、その人が持っている考え方のくせ。企業では事業内容や経営理念などをもとに構成され、意思決定の際には重要な役割を担う。

うのです。

しかも、生産性も30%近くアップしていました。

いたずらにストレスを遠ざけようとするのをやめ、**「ストレスは、学習と成長のチャンス」と肯定的にとらえるマインドセット④を持つことで、ストレスに対する反応をモチベーションや生産性の向上に導くことができる**のです。

もちろん、ストレスが仕事にも健康にもよくないことは間違いありません。しかし、ストレスは、闘ったり逃げたりすると、いっそう大きくなります。

ストレスを避けることはできなくても、少し自分の考えかたを変えるだけで、ストレスの悪影響を避けることができるのです。

行動心理学＋α

ストレスは進化に必要!?

実験 **環境ストレスと進化**

生物は、新しい環境に行くとストレスを感じます。環境の変化に対応するため、生物はさまざまな進化を重ねてきたことが、2011年北海道大学の研究によりあきらかになりました。環境の変化が人類の進化に影響を与えているのです。

ビジネス×行動心理学

06

どんなに準備していても、当日に不機嫌だとうまくいかない

幸福感が人の能力を高める

2005年、カリフォルニア大学のソニア・リュボミアスキー①は、参加者をいい気分にさせたあと、その幸福感がどんな効果をもたらすか、という実験をしました。被験者に花の香りをかがせる、ポジティブな言葉を声に出して言わせる、チョコレートケーキを食べさせるなど、ありとあらゆる手段が試されましたが、その結果はあきらかでした。**幸福感は人間を社交的にし、思いやり深くさせ、よりよい人間関係を構築させ、成功を生む原因になった**のです。

リュボミアスキーの研究によると、人の幸福の約50％は、遺伝的要因②で決まってしまい、10％は教育、収入など、急には変えられない環境で決まるといいます。しかし、残りの約40％は、日常的な行動や、自分やまわりの人たちをどう受け止めるかによって決まるといいます。

逆にいえば、**どんなに準備していても、当日不機嫌だと物事はうまくいかない可能性が高くなる**のです。つまり、日ごろから、自分の幸福感をいかに高めるかを心がけることが大切なのです。

KEY WORD

① ソニア・リュボミアスキー
カリフォルニア大学リバーサイド校の心理学者。ポジティブ心理学の専門家で、永遠に続く幸福の可能性について研究している。

② 遺伝的要因
幸福遺伝子として注目されているのが、「セロトニン」と呼ばれる脳内物質を運ぶ「5-HTT遺伝子」。効率的にセロトニンを運べる型の遺伝子を持っていると、人間は幸福感を得られ、人生の満足度も高くなるという。

ビジネス×行動心理学

07

怒りの感情は、短い文章ほど相手に刺さりやすい

つい言い訳をしてしまう人たち

ビジネスでは、誰もが失敗をします。しかし、失敗したとき、その理由をつい「今日は体調が悪かったから仕方がない」「昨夜は取引先とお酒を飲んでしまったから」「ついテレビを遅くまで見てしまったから」などと、言い訳してしまうことはないでしょうか。

心理学者の**スティーヴン・バーグラス①**と**エドワード・E・ジョーンズ②**は、この失敗したときの言い訳について、ある実験をしました。

まず、彼らは学生たちを集め、解くことができないような難しいテストを受けさせました。そして、実際の結果とは関係なく、全員に「あなたは満点だった」と伝えたのです。

自分が満点をとったことで、**学生たちは自尊心を高めると同時に、テストが難しかったことに不安を感じてもいます。**そしてその状態で「もう一度同じようなテストをする」と伝えます。二度目のテストには、条件がついています。

それは、「能力を上げる薬を飲む」あるいは「能力を下げる薬を飲

KEY WORD

①スティーヴン・バーグラス
ハーバード大学医学部の心理学者。人間が時間を浪費してしまう原因は心理的葛藤にあるとし、時間を浪費する人を、完璧主義、先行タイプ、お人好しタイプ、先送りタイプの4つに分類した。

②エドワード・E・ジョーンズ
アメリカ・プリンストン大学などに在籍した心理学者。印象形成におよぼす権威主義の研究など、数多くの研究や実験を行った。

む」の2つの条件のうち1つを選んでテストを受ける、ということでした。学生たちは、どちらの条件を選んでテストを受けたでしょうか。多くの学生たちは「能力を下げる」薬を飲むことを選んだのです。

彼らは、「一度目が難しいテストだったから、次は失敗するかもしれない」という不安を持っていました。そのため「能力が下がる薬を飲んだのだから、テストで失敗しても仕方がない」という言い訳ができる条件を選んだのです。

言い訳を事前に用意する心理とは

このように、失敗しても、自分が傷つくことのないよう予防線を張っておくことを「セルフ・ハンディキャッピング③」といいます。これをしておけば、**失敗したとしても、自尊心が傷つくことはありません。もしうまくいったとしたら、「こんなに悪い状況なのに、自分は成功した」と、さらに自己評価は高くなります。**どちらに転んでも得をするので、人は言い訳をしてしまうのですね。

KEY WORD

③ セルフ・ハンディキャッピング

心理学用語。失敗の原因を自分以外の外的な要因にあるとし、成功の原因を自分の内的な要因にあるとする選択や行動を表す概念。ハンディキャップとは、もともと不利な条件のことを指し、セルフ・ハンディキャップとは、自分に不利な条件を与える行為という意味を持つ。人間が無意識のうちにとる自己防衛反応の1つで、とくに子どもにとっては、自分を守るための大切な行動とされる。

では、相手に言い訳させないためにはどうしたらよいでしょうか。心理学的におすすめなのが「短い文章にして相手に怒りを伝える」という方法です。**人間は言い訳をどうしても探してしまうもの。長々と怒りを伝えると「だってあのときは事情があったから」と言い訳をするチャンスを与えてしまいます。短い言葉で言い訳する機会をなくしてしまいましょう。**また、数々の心理学の実験で、話し言葉より文章の方が自己反省を促す効果があることがわかっています。

ビジネスの場で周囲の人間に対してのセルフ・ハンディキャッピングは、けっして気分のいいものではありません。

もしこのような人を見かけたら、言い訳をする余地を与えないよう「短い言葉」で伝えることが大切です。

行動心理学＋α

怒りを伝えるテクニック

メソッド **短い言葉で伝える**

他人に怒りを伝えるには、ポイントを明確にして、短い言葉で伝えるのが大切です。だらだらと話していても、相手の集中力が散漫になる上、論点がぼけて、相手につけ入るすきを与えてしまいます。これは、子どもを叱るときも同じです。

ビジネス×行動心理学

08

嫉妬深くないと出世しない

よい嫉妬と悪い嫉妬

自分が持っていないものを持っている人を羨む「嫉妬（①）」。一般にネガティブな感情だと考えられている「嫉妬」ですが、嫉妬には2つの種類があることがわかっています。

よい嫉妬は、嫉妬の対象のようになりたいと、素直に相手を羨ましいと思える感情のこと。

悪い嫉妬とは、相手の立場に納得できず、相手に悪いことが起きるように願う、あるいは実際に行動を起こすような場合です。

悪い嫉妬が強まれば、相手が羨ましくて仕方なく、憎いとすら思うようになります。時に嫉妬の対象となっている人物の立場を壊してしまおうとするほど、ネガティブな感情となります。

ティルブルフ大学（②）の実験によれば、学生を対象にして全員に「ある学生が有名な学術賞をとった」という架空の新聞記事を読ませて知能と創造性のテストを行ったところ、**よい嫉妬を抱いた学生の方が成績もよく、「これからも頑張って勉強したい」というポジティブな気持ちを持つ傾向が強かった**といいます。

KEY WORD

① 嫉妬
嫉妬は羨望と似ているが、心理学的には別。嫉妬は、自分が愛する対象がほかの誰かに心を寄せることを恐れる感情だが、最近は羨望の意味もあわせ持つようになっている。

② ティルブルフ大学
オランダの北ブラバント州の都市ティルブルフにあるカトリック系大学で、ヨーロッパでも指折りの名門校の1つ。国際性豊かな教育で知られており、世界各地から学生が集まっている。

嫉妬した自分を責めてはいけない

嫉妬の感情を持つと、人間は「どうして相手を素直に祝福できないのだろう」と、罪悪感や自分に対する嫌悪感を抱いてしまいがちです。しかし、この実験からもわかるように、**「よい嫉妬」は、自分を成長させるモチベーション③に変えることができるのです。大切なのは、嫉妬の感情を、自分自身のプラスになるようにコントロールしていくこと**です。

そのためには、次のような方法を試してみるといいでしょう。

■成長型マインドセットを持つ

誰しも困難なことに直面したとき「無理かもしれない」と思ってしまいがちです。成長型マインドセットとは、「無理だ、できない」と考えるのではなく、**「自分はまだできていないだけ」と考える心の持ちようのことです。失敗しても「自分はまだやれる」と思うことができれば、あなたはより成長したり、前進したりできる余地がある**ということなのです。

KEY WORD

③ モチベーション
私たちが、何かの行動を起こすときの心理的な動機づけのこと。人の内側から行動を引き起こす「動因（ドライブ）」と外側から人の行動を誘発させる「誘因（インセンティブ）」からなっている。

④ 人間の脳
相手に対して羨望を感じ、失敗を喜ぶのは、脳の線条体という部分。欲求が満たされたときに活性化する「報酬系」の1つで、人の不幸に喜びを感じるほど線条体が活性化する。

■嫉妬した自分を責めない

嫉妬は誰もが持つ感情です。それはつまり、人類の進化の過程から見れば、嫉妬は人間が生き残るのに必要な感情だったということになります。

動物の世界では、自分の子孫を残すための異性を巡る争いは日常茶飯事です。その本能が**人間の脳**（④）にも残っているのです。

嫉妬することが悪いのではなく、自分を深みに落としてしまいかねない「悪い嫉妬」は自分を向上させる「よい嫉妬」に変えていけばいいのです。

そのためにはまず、自分の嫉妬を自覚して客観的にとらえ、けっして嫉妬した相手と同じようになろうとはせず、自分の目標を設定して進んでいくことが大切です。

行動心理学＋α

嫉妬に振り回されない

メソッド **前向きな目標設定**

嫉妬という感情は「結果を出して相手を見返してやろう」というモチベーションになると同時に、嫉妬している対象に対する攻撃性となって表れる場合があります。脅迫や傷害などの事件へと発展しないためにも前向きな目標設定が必要です。

ビジネス×行動心理学

09

嫌な体験は話すより書き出すことで忘れられる

○

書き出す

↓

問題点を客観的に分析できる

×

人に話す

↓

根本的な解決につながらない

トラウマは話しても消えない？

「嫌なことがあったら、誰かに話して問題を分かち合えば、つらさは半分になる」とよくいわれます。しかし、2005年、ベルギーのルーヴァン大学（①）の心理学者エマニュエル・ゼックとベルナール・リメによって行われた実験によりこれは否定されてしまいました（75ページ参照）。では、どのようにすれば過去のトラウマを癒やすことができるのでしょうか？

テキサス大学のペンバッカーらは、**つらい体験を癒やすにはその体験を文字で書き起こすのが効果的**だということをつき止めました。彼らは会社から解雇されたばかりの人に、失業したことによる心理的なショックについて書き出させました。すると被験者は失業というショックから立ち直り、肉体的にも健康的にも元気を取り戻したのです。**文章を書くときには、筋道を立てたり、全体の構成を考えたりしながら進めていきます。そのため、問題を客観的にとらえ、問題解決のための手がかりにすることができる**のです。このような方法は「筆記開示（②）」として心理学分野では知られています。

KEY WORD

① ルーヴァン大学
ベルギーのルーフェンにあるカトリック系の大学。ベルギーで最も古い大学で、1425年に創設された。それ以後、ヨーロッパのカトリックの教育・研究の中心として発展してきた。

② 筆記開示
悩みを書き出すことによって、心理的にポジティブになる方法。ペンバッカーによって名づけられた。実験により、筆記開示を行うと健康面にも効果があることがわかっている。

ビジネス×行動心理学

10

運が強いと思い込む人ほど10年後、成功している

思い込みは幸運を呼ぶ

心理学者のライサン・ダミッシュ（①）は、被験者がある作業をする直前に情報を与え、その情報による思い込みによって人間の行動がどう変わるか調べるために、2つの実験を行いました。

第1の実験では、ダミッシュは、被験者にパターゴルフ（②）をしてもらい、その直前に、

1「これはパターがよく入るラッキーボールです」と声をかける。

2「このボールは、みんなの使い回しのただのボールです」と声をかける。

という2パターンの情報を伝え、パットが決まる回数の比較をしました。

その結果、1の「ラッキーボール」だと伝えた場合のパットが決まった数は、平均6・42回。

2の「ただのボール」だと伝えた場合のパット数は、平均4・75回。

ラッキーボールだと伝えた方が、3割以上もパットの成功する回数が多かったのです。

KEY WORD

① ライサン・ダミッシュ

ドイツ・ケルン大学の心理学者。多くのスポーツ選手が縁起を担いだり迷信を信じたりしていることに着目し、それらがいかに人々に自信を与え、パフォーマンスを向上させているかを研究している。

② パターゴルフ

普通のゴルフのパッティングの部分だけを行うゴルフ。ゴルフクラブは、パターだけを使い、初心者や老齢な人でも、気軽に楽しむことができる。

第2の実験でダミッシュは、被験者に箱に入った、とてもこぼれやすい36個のボールを、どれだけ早くほかの入れ物に移すことができるかという作業をさせました。

この場合も、ある被験者に対しては「幸運を祈る」と声をかけ、別の被験者には何も声をかけませんでした。すると、声をかけられた被験者の作業時間は3分だったのに対し、何も声をかけられない被験者の作業時間は、5分30秒もかかったというのです。

現実は自分の心がつくる

このように、根拠のない思い込みを持つと、本来、実現するはずのない予言が現実のものとなる現象を「自己充足的予言（自己成就的予言）③」といいます。

なぜこのようなことが起こるのかというと、人間は無意識にその予言に沿った行動をとるため、結果として予言を現実化させてしまうためだと考えられています。

ビジネスにとっても、自己充足的予言は重要です。なぜなら、「自

KEY WORD

③ 自己充足的予言

アメリカの社会学者ロバート・K・マートンが提唱した概念。本来は「経営が健全な銀行であっても、一度支払い不能だといううわさが立ち、それが根拠のないものであっても、多くの数の預金者がそれを信じれば、現実に支払い不能に陥る」といった例で説明される。もちろん自己充足的予言は、いつも悪い結果をもたらすとはかぎらない。マートンは、反対の概念として予言とは逆の結果になる「自己破壊的予言」を挙げている。

分は運がいい」と思い込むと、現実もそうなってしまうからです。

たとえば、あなたが朝起きて、「今日はいい日になる」と思えば、その日は本当にいい日になるのです。

もちろん、本当にいいことばかりが起こるわけではありません。**「いい日になる」という思い込みによって、悪いことには目が行かなくなり、いいことばかりが目につくようになる**のです。

また、ネガティブになりがちな人にも、適切な応援を与えれば、もしそれが根拠のないものであっても、成績のアップにつながる可能性があるということです。

ポジティブであってもネガティブであっても、現実は自分の「心」がつくるもの。どうせなら前向きに過ごしたいですね。

行動心理学＋α

偽薬が効く？　思い込みの力

用語　**プラシーボ効果**

「薬が効くに違いない」と信じ込むことでなんらかの改善が見られることを「プラシーボ効果」といいます。近年の研究結果では、実際に脳内物質の分泌に変化が起こり、体に作用することがあきらかになっています。

ビジネス×行動心理学

11

意志を持たないのも結論を先延ばしにするのも能力

完璧主義の場合　　先延ばしにする場合

無限に求めると満足できない

あなたは「**最上志向①**型人間（マクシマイザー）」でしょうか。「満足型人間（サティスファクサー）」でしょうか。

ある研究によると、人間はさまざまな選択において、次の2つのうち、どちらかをとるといわれています。つまり、最上の物を追い求めるか、それとも、そこそこの物で満足するか、です。

前者を選択する人を「最上志向型人間」、後者を選択する人を「満足型人間」と呼びます。

「最上志向型人間」とは、つねにあらゆる選択肢を調べ、その中で確実に最高の物を選ばなければ、気が済みません。

11の大学から500人の学生を選び、最上志向型と満足型に分け、就職先を見つけるまでを調査したところによると、最上志向型の学生は、満足型の学生より、給料が20％高い就職先を見つけました。

しかし、彼らの多くは就職先に満足できず、後悔していました。幸福になるには理想ばかり追い求めず、自分の手の中にある物を好きになることも大切なのです。

KEY WORD

① **最上志向**
人間が持っている資質の1つ。つねによりよいものを求め、最高級にすることを好む性質。メリットとしては、自分に対しても他人に対してもよいところを伸ばしたい、自分のよいところを評価してくれる人と仕事をしたい、自分と同じように強みを伸ばしてきた人に惹かれる、などの特徴を持っている。しかし、デメリットとしては、自分の弱点を克服するのが得意ではない、うまくいかないことは、すぐにあきらめてしまう、などがある。

ビジネス×行動心理学

12

女性がいた方が、グループとしては好成績を発揮する

個人の能力よりも重要な要素とは？

意見がぶつかり合ってしまってプロジェクトが円滑に進まないなんていうことは、どの職場でもよくあること。そんな問題を解決し、「どうすればチームとして力が発揮できるようになるか」を実験で確かめたのが、カーネギーメロン大学のアニタ・ウーリーたちです。彼女らは、18歳から60歳までの男女700名を数名ずつのグループに分けた上で、いくつかの課題をこなさせました。その成績と、あらかじめ調査した個人の**知能検査**（①）結果を照らし合わせたところ、いくつかのおもしろいことが判明したのです。

それは、リーダーやメンバー個人の知能が高くても、グループ全体では高成績を得られないということでした。同時に、女性メンバーが多いグループの方が高成績を収めました。**これは、一般的に女性の方が社会的感受性**（②）**が高いためで、女性が多い方がチームとして調和しやすく会話も多かったのです。**ビジネスの場にかぎらず、優秀な人間だけを集めても優秀なチームになるわけではなく、調和させられる人材こそがチームの優秀さを左右するのです。

KEY WORD

① 知能検査
人の知的能力を測るための検査。学力とは異なる、知能の高さを測るものだが、一般的な知能検査では脳の働きの一部しか測ることができず、想像力や芸術的能力、社会的能力などは測定できない。

② 社会的感受性
他人の感情を察知する能力のこと。平均的に女性の方が高いとされる。本文の実験では、男女とも社会的感受性の高いメンバーを擁するチームが高成績を挙げている。

ビジネス×行動心理学

13

1時間半おきに20分休憩した方が効率がいい

無気力な時間の過ごしかたとは

ニュージャージー州にあるワコビア銀行（①）の12の支店に勤務する行員の行動を調査した結果、90～120分ごとに20分間、「散歩したり、仮眠をとったり、音楽を聴いたりしてエネルギーを補給しなさい」とすすめられた行員は、より仕事に集中でき、満足感も高まったということがわかっています。

睡眠中には、浅い眠りと深い眠りが周期的に訪れます。そして、起きているときも周期があり、**90～120分間活動的で集中できる時間を過ごしたあと、約20分間、疲れて無気力になり集中力がなくなる時間を迎える**、ということを繰り返しています。

このサイクルを「ウルトラディアン・リズム（②）」といい、約20分間の集中しにくい時間を「ウルトラディアン・ディップ」といいます。ウルトラディアン・ディップは1日に何度も訪れます。

大切なのは、集中力がなくなったと思ったら、リラックスして、気分転換の時間をとり、ウルトラディアン・ディップを無力化することなのです。

KEY WORD

① ワコビア銀行
ノースカロライナ州のシャーロットに本社を置いていた銀行。南部では堅実な経営で知られている銀行だったが、サブプライムショックのとき、カリフォルニアのウエルズファーゴ銀行に買収された。

② ウルトラディアン・リズム
超日リズムとも呼ばれている。人間の生活基盤の基礎となる体内時計の1つ。ほかに24時間周期のサーカディアン・リズム（概日周期）などがある。

ビジネス×行動心理学

14

集団で討論すると、極端な結論にたどり着きやすい

集団の意思決定は極論に走る

ビジネスで重要な決定をするときは、専門のスタッフを集めて会議を開き、話し合います。何かを決定するときには、さまざまな経験や専門知識を持った人たちによって、バランスよく意見がとりまとめられそうな気がするからです。

でも、大勢によって決められた決定が、すぐれたものであるというのは本当でしょうか。

1961年、MIT①の大学院生だったジェームズ・ストーナーは、集団で意思決定する際のリスクについて実験を行いました。ストーナーは、実験の参加者それぞれに架空の人生相談の回答者になってもらい、ひとりのときの意見と、5人のグループで討議し、意見をまとめた結論を、それぞれ出してもらいました。

すると、**グループが出した結論は、参加者が個人として出した結論より、はるかにリスク②が高いもの**だったのです。

このように、**グループによる意思決定は極端な方向に振れやすいという性質を持っています。**

KEY WORD

① MIT

マサチューセッツ工科大学のこと。マサチューセッツ州ケンブリッジにある私立工科大学で、アメリカでも指折りの名門校として知られている。とくにコンピュータ分野で大きな業績を残している。

② リスク

何かを行う際の危険度や、予想どおりいかない可能性のことを指す。投資では収益（リターン）のバラつきを指し、高いリターンを望めば、その分リスクも高くなる関係にある。

この傾向は「リスキーシフト」と呼ばれ、それ以後の心理学でも確認されています。

集団がリスクを増大させる

集団による意思決定が、ある極端な方向に進むことを「**集団極性化**（グループ・ポーラライゼーション）③」とも呼ばれ、グループの中にリスキーな考え方を支持する人が多ければ、結論はますますリスキーになり、リスキーシフトが強まります。冒険的でリスクを顧みない投資家が集まれば、破綻が目に見えている事業にさらに資金をつぎ込む、ということが起こります。

逆にリスクを嫌い、安全志向の人が多ければ、結論はより慎重で保守的な方向に向くことになります。これを「**コーシャスシフト**④」といいます。コーシャスシフトは、企業や行政の会議などでよく見られます。

なぜこのような現象が起こるのかというと、**自分と同じ志向を持つ人がまわりにいると自分の考えがより強化される**からです。ほか

KEY WORD

③ 集団極性化

リスキーシフトとコーシャスシフトを合わせて「集団極性化現象」と呼ぶ。こうした傾向は、政治などの社会現象でも見られ、政治指導者に好意的な人たちが討議すると、よりいっそう好意的になる。

④ コーシャスシフト

コーシャスとは「慎重な、注意深い」という意味。コーシャスシフトとは、集団による意思決定が変化にとぼしく斬新さのない現状維持的な方向になってしまうことを指す。

の人たちの意見を聞くと、それまで漠然としかとらえていなかった自分の立場をおおっぴらに表明できるようになり、しかもそれがまた同じような思考の人たちの意見を強化し、結論がより極端になっていくと考えられています。さらに集団による意思決定は、**個人の場合と比べて独断に陥りやすく、不合理な決定を正当化しがちで、部外者に対しては画一的な見方をするという傾向がある**とわかっています。

では、集団による意思決定がさまざまなリスクを抱えているとすれば、どのような方法がいいのでしょうか。

それには会議の場での雰囲気に流されず、一度客観的になって、自分の意見がリスキー、コーシャスどちらに傾いているのかを冷静に判断してみるといいでしょう。

行動心理学＋α

人は真似をするのが好き!?

用語 **同調行動と類似性の法則**

心理学において、人間は自分の意思には関係なく、多数派の人間の行動を真似する傾向があるとされ、これを同調行動といいます。また人間には、自分と同じ行動をする人を親しく感じる、という傾向があり、これを類似性の法則といいます。

ビジネス×行動心理学

15

伝えたい情報を1つにすると、どんなときも落ち着いて話せるようになる

マルチタスクは効率的か？

ビジネス書などでは、よく「**マルチタスク①**」「**シングルタスク②**」という言葉が使われます。

膨大な仕事を抱え、いくつものタスクを同時に処理していく。そんな状態が珍しくないのも、現代ビジネスの実情です。

仕事ができるビジネスマンの代名詞ともいえる「マルチタスク」ですが、本当に効率よく仕事をする方法なのでしょうか。２０１２年には、２１８人のオランダ人学生に対して行われたマルチタスクに関する興味深い調査結果が発表されています。

調査では、学生たちに**数独パズル③**を解く、さらに格子上に配置された文字の中から指定の単語を探すワードサーチパズルをする、という2つの作業を24分間でやってもらいました。

その際、第1のグループには、これら2つの作業を同時にやってもらい、第2のグループには、自分の考えで作業を自由に切り替えてやってもらい、さらに第3のグループには、作業を1つずつ順番にやってもらいました。

KEY WORD

① マルチタスク
複数の仕事を同時進行で処理していくこと。もともとは、コンピュータが同時に複数の仕事をこなすことに由来している。ビジネス分野においては、１９９0年代後半ごろから注目を集めはじめた言葉である。

② シングルタスク
複数の物事を、順番にこなしていくこと。１つの仕事が終わってから次にとりかかるため、非効率的だとされていたが、最近見直されつつある。

その結果、合計スコアが最も低かったのは第1のグループ、最も高かったのは第3のグループだったというのです。

自己満足にすぎないマルチタスク

この結果からは、**作業の効率を上げるには、綿密なスケジュールを立てることが重要**だということがわかります。

マルチタスクというと、いかにも効率的に仕事をこなしているように見えますが、実際の効率は下がってしまっているのです。その原因として、私たち人間の脳はマルチタスクに向いていない、という研究結果が発表されています。実は、人間の脳はコンピュータとは違って、いくつもの作業を同時に行うようにはできていません。

作業の数が増えるとともに処理能力は低下していき、2つの作業を同時に行おうとすると、そのパフォーマンスは80%以上も低下するとされています。

ビジネスの現場においても、電話や電子メールによって注意をそらされると、人間の**情報処理能力**(④)は低下することがわかって

KEY WORD

③ **数独パズル**
タテ9列、横9列のマス目に3×3の太線で囲まれたブロックが9つあり、数字の入っていないマスに1から9までの数字のどれかを1つずつ入れていくパズル。「ナンバープレース」ともいう。

④ **情報処理能力**
2つのタスクを同時に処理する場合、脳の左右の前頭葉が、自動的に処理機能を2つに分割するという。脳の処理能力を超える複数のタスクだと脳の情報処理能力は大きく落ちる。

います。マルチタスクは生産性を著しく損ねているのです。

「いっぺんにいろんなことを伝えようとして、頭が混乱してしまう」なんていうことも、人間がマルチタスクに向いていないからなのですね。そんなときは**「あれも話そう、これも話そう」とは考えずに、伝えることを1つに絞るとよい**でしょう。

マルチタスクは、自分の生産性が高まったような錯覚を人間に与えます。そして結果的に自分は仕事ができる人間であるという誤った思い込みを持たせてしまうのです。

多くの人たちがマルチタスクをし続けるのは、こういった単なる思い込みによるものにすぎません。彼らは、自分が同時に複数の仕事をしているという自己満足を得たいだけなのです。

行動心理学＋α

マルチタスクが得意なAI

用語 **2045年問題**

２０４５年には、コンピュータの性能が人間の脳を上回ると予測されています。これを「２０４５年問題」といい、イギリスの物理学者ホーキング博士は「完全な人工知能ができたら、人類は終焉《しゅうえん》を迎えるかもしれない」と警告しています。

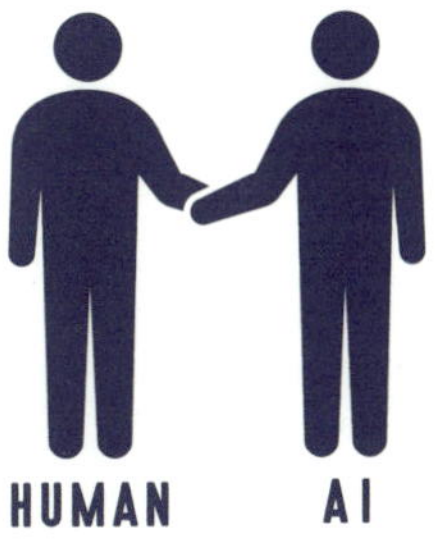

ビジネス×行動心理学

16

年をとっても記憶力はそこまで落ちない

脳は年をとらない？

ある程度、年齢を重ねれば、物覚えが悪くなります。「年だから仕方がない」と思っている人も多いでしょうが、**最近の研究では「記憶力は年をとっても衰えない」という結果**が出ています。

脳の神経細胞①の数は、高齢になってもほとんど変わりがありません。つまり、**脳の機能は劣化しない②**のです。

これを実証したのが、アメリカのタフツ大学のアヤナ・トーマス博士の実験です。博士は、18～22歳の若者と60～74歳の高齢の人を64人ずつ集め、単語リストを覚えたあとに、別の単語リストを見て、記憶したもとのリストにどの単語があったかを当てるテストを行いました。

「これはただの心理学のテストです」とだけ伝えてテストを行ったところ、若者と高齢者のテスト結果に差はありませんでした。ところが「このテストでは、普通高齢者の方が、成績が悪い」と伝えると、高齢者の成績が低下しました。つまり、**「高齢者は記憶力が衰えている」というのは、自分自身の思い込み**だったのです。

KEY WORD

① 脳の神経細胞

脳には、情報のやりとりをしている千数百億個もの神経細胞がある。神経細胞からは長い「軸索」と短い「樹状突起」が延び、ほかの神経細胞とつながって、複雑なネットワークをつくっている。

② 脳の機能は劣化しない

脳の神経細胞は、一度数が決まったら、それ以上増えない。脳梗塞などの疾患で機能が失われないかぎり、脳の寿命は120年くらいとされている。

ビジネス×行動心理学

17

先々のことを考えるとやる気をなくす

成功は小さな目標の積み重ねで

心理学には「目標《もくひょう》勾配《こうばい》仮説《かせつ》(①)」という言葉があります。

簡単にいうと**「人間は目標に近づけば近づくほど、やる気が出る」**ということです。

2006年、コロンビア大学が行った実験によると、「10杯コーヒーを買えば1杯無料」のカードをわたした場合と、「12杯コーヒーを飲めば1杯無料」のカードに2つスタンプを押してわたした場合では、後者の方がコーヒーを買う人の数は多かったといいます。

どちらもあと10杯買わなければ無料のコーヒーは手に入らないのですが、片方のカードには2個スタンプが押してあることで、より目標に近づいていると感じる人が多かったためです。

このことからわかるのは、**ある目標を達成しようというとき、あまりに高い目標を設定すると、その途中で息切れし、「無理だからやめよう」という心理に陥りがち**だということです。

目標を効率的に達成するには、頑張れば達成可能な小さな目標を、いくつも積み重ねていくことが大切です。

KEY WORD

① 目標勾配仮説

心理学用語。目標が近づけば近づくほど、その目標の価値が高くなり、価値が高くなると、人間はなんとしても達成したいという欲求が強くなるという仮説。アメリカ・イェール大学の心理学者クラーク・ハルによって提唱された。具体例としては、マラソンでゴールが近づくと、選手は疲れきっているはずなのに、力を振りしぼってより速いペースで走ろうとする、山登りで疲れていても山頂が見えると力が湧くなどが挙げられる。

ビジネス×行動心理学

18

ゆっくり呼吸するだけでストレスが軽減する

浅い呼吸は病気のもと？

現代社会に生きる私たちは、ビジネスの現場で日々強いストレスにさらされています。

ストレスは不安や怒り、焦り、憂鬱《ゆううつ》といった感情を引き起こすだけではありません。ストレスによって緊張した状態に置かれると、人間の呼吸は浅くなり、速いペースになっていきます。さらに呼吸が速くなると、息苦しくなってきて、ひどいときには「**過呼吸症候群**（過呼吸）（①）」と呼ばれる症状を引き起こします。

また、浅い呼吸が続くと、知らず知らずのうちに**酸欠状態**（②）になって、慢性的な頭痛の原因になっていることもあります。逆に、リラックスした状態では、私たちの呼吸は深くゆっくりとしたものになります。

このように、**心身の状態と呼吸との間には密接な関係がある**ことがわかっています。

呼吸が浅くなり、心身に異常をきたす原因がストレスなら、ストレスをとり除かないと問題は解決しないのでは？　と思うかもしれ

KEY WORD

① **過呼吸症候群**

突然、あるいは徐々に息が苦しくなり、呼吸困難や動悸《どうき》、めまい、手足のしびれ、頭痛などを起こす症状。精神的な不安や極度の緊張などが原因で、脳の呼吸中枢が刺激されて起こると考えられている。

② **酸欠状態**

酸素は人間にとって不可欠なもの。必要な酸素が十分に得られない状態を「酸欠状態（酸素欠乏症）」という。血液中の酸素濃度が低くなると、めまい、頭痛、吐き気などが起こる。

ませんが、残念ながら、ストレスを完全に解消することは、まず不可能です。

しかし、誰にでもできる方法で心身をリラックスさせ、よい状態を維持することは可能なのです。

深呼吸でストレスを緩和する

それが、深呼吸です。**私たちは普段意識せずに呼吸をしていますが、深呼吸は、呼吸を意識してすることによって、心身の状態を整える方法の1つ**なのです。

深呼吸するときは、椅子に腰を下ろして背筋を伸ばし、鼻からゆっくり息を吸い込みます。このとき、下腹部に空気を入れていくように、おなかを膨らませます。深呼吸するときに大切なのは、普段の呼吸(胸部呼吸)ではなく、腹式呼吸をすることです。このように下腹部を膨らませたり、へこませたりする呼吸法を「**腹式呼吸**③」といいます。

次に、ゆっくり息を吐きます。下腹部をへこませて、口をすぼめ、

KEY WORD

③ **腹式呼吸**
呼吸には呼吸によって肋骨を広げたり閉じたりする「胸式呼吸」と、腹を膨らませたりすることで横隔膜を動かす「腹式呼吸」があり、女性には胸式呼吸が多いとされる。

④ **PTSD**
心的外傷後ストレス障害。震災や事故、暴力など、生死にかかわるようなショック体験や精神的ストレスによって心にダメージを受け、時間が経ってからも、その経験に対して強い恐怖を感じる症状。

ストローから息を吐き出すようなイメージで吐くといいでしょう。呼吸のペースは、1分間に4～6回、つまり、1呼吸につき10～15秒くらいかけます。これを5～10回ほど繰り返します。

この呼吸法を行えば気持ちが落ち着き、**脳と体をストレスで緊張した状態から、セルフコントロールできる状態に切り替えることが可能になります。**

ある研究によると、PTSD④の元患者が、ゆっくりと呼吸をする練習を毎日20分間行ったところ、症状が緩和されたことがわかっています。深呼吸には、心身をリラックスさせてストレスの影響を緩和し、ビジネスの効率をアップさせるという効果だけでなく、血圧や脈拍数を安定させるなど、健康にもよい効果があるのです。

行動心理学＋α

体の調子が心に影響する

メソッド 東洋の呼吸法

東洋では、昔からヨガや気功といった形で、意識的に呼吸をコントロールし、精神や肉体を安定させたり、能力を高めたりすることが行われてきました。武道でも、中国の太極拳は、ゆっくりとした呼吸法で知られています。

※ヨガ…呼吸法で心身の状態を高める

COLUMN 01

リラックスする？　高揚感を感じる？

“緊張”をうまく使いこなす

緊張する場面ではリラックスは厳禁!?
マインドセット（助言）介入実験。

大人数を前にしてプレゼンを行うとき、緊張しない人はいません。そんな場面なら一般的な人はリラックスするように努めます。

これが正しい方法なのかを実験で確かめたのが、ハーバード大学ビジネススクールのアリソン・ウッド・ブルックス教授でした。教授はスピーチ前の被験者を2グループに分け、片方に「私は落ち着いている」と心の中で言うように指示。もういっぽうには「私はワクワクしている」と念じるように指示しました。

その結果はどちらも不安が消えることはなく、緊張は解けませんでした。しかし、ワクワクすると自分に言い聞かせたグループは、見事にプレゼンを成功させました。不安を受け入れることで、すくむなどの恐怖反応からも解放され、パフォーマンスの向上が見られたのです。さらにジェレミー・ジェイミソン教授は数々の実験で、ストレスホルモンの数値が高いときほど優秀な行動をすることを実証。また、緊張時に適度なアドレナリンの分泌で心拍数が増加しているときに、好結果が出たことをあきらかにしました。

つまり、緊張する場面では「ドキドキするのは当たり前のこと」「不安だけどやれるはず」、とストレスを受け入れ、前向きな思考をすることで、よいパフォーマンスを発揮できるようになるのです。

実験

助言するか？　本人次第か？

緊張との向き合い方の比較実験

STEP.1

大学院進学適性試験（GRE）前の学生たちを集め、ストレス反応の基準値を測定するために唾液を採取。実験前の交感神経活性の指標であるα-アミラーゼの分泌量を測定した。

STEP.2

2グループに分けた片方にのみ「最近の研究結果から試験中に不安を感じている人の方が成績がよい、だから不安を感じてもストレスのおかげでうまくいくと思えばよい」と助言。

STEP.3

マインドセット（助言）を行ったグループの方が成績がよいという結果に。助言によるアドバイスでリラックスした可能性を測るが、むしろストレス反応が強かったことが判明。

結論

マインドセット介入を行うことで、不安を受け入れてうまく困難に対処したり、ストレスを感じている方が実力を出せるようになる。肉体に影響をおよぼすほどではない適度なストレスや不安は、緊張する場面で実力をより発揮する力となることが証明された。

CHAPTER

02

人間関係 × 行動心理学

人間関係×行動心理学

01

愚痴と普段の会話で発散できるストレスの大きさは変わらない

つらい体験を話すことの効果とは？

嫌なことやつらいことがあったとき、ほかの人に愚痴や悩みを聞いてもらいたいと思う人は少なくないでしょう。また、悲しんだり落ち込んだりしている人に対して「話を聞かせて。つらさを分け合おう」と声をかける人もいるでしょう。

実際に、1999年に行われた調査の結果では、90％もの人が、不幸な体験を人に話すことで、気持ちが楽になる、と考えていることがわかっています。一般的な**心理カウンセリングや心理セラピー**(1)なども、つらさを人と分かち合うことこそが、不幸や**トラウマ**(2)を乗り越える最適な方法であると指導しています。

このことが本当かどうか、ルーヴァン大学の心理学者であるゼックとリメは、2005年にとある実験を行いました。ふたりは参加者に、「これまでに経験した精神的に最も苦痛だった事柄で、今もつらく、誰かに話したいと感じること」を選び出させました。そして、参加者のうち半数には、離婚や身近な人の死、幼少期の虐待など、そのつらい出来事について話してもらいました。さらに残りの

KEY WORD

(1) 心理カウンセリングや心理セラピー

混同されがちな両者だが、心理的な悩みや問題に関して、話を聞く相手となるのがカウンセリングである。いっぽう、それらの悩みや問題を解決するための心理技術を用いた療法を心理セラピーという。

(2) トラウマ

肉体的・精神的な衝撃を受けたことで、その後もその影響が残ること。心的外傷などと訳される。古代ギリシア語で傷を意味するtraumaが語源。

半数には、それとはなんの関係もない、ごく普通の1日の出来事について話してもらいました。

その1週間後と2カ月後に参加者全員を再度集め、それぞれが感じている幸福感についてのアンケートを実施しました。その結果、**精神的苦痛（③）について話し、つらさを分け合ったはずの人々も、なんでもない1日について話した人々も、感じている幸福感に明確な違いはなかった**のです。

このことから、「つらい経験を他人に話して分かち合う」ことの効果はあまりないことがわかりました。しかし、マイナスの思考や感情を押さえつけることはよくありません。

愚痴は相手を困らせる

ストレス発散の効果がないのであれば、聞く方にも負担がかかる愚痴はおすすめできる方法ではありません。ではどのような方法であれば、他人に迷惑をかけずにストレスを解消することができるでしょうか？

KEY WORD

③ **精神的苦痛**

肉体的な苦痛以外の心理的、精神的なダメージのこと。対人関係の悩みや、自らの状態に関する不満など、原因は多岐にわたる。命の安全が脅かされるなど、重大な出来事が原因となって強い精神的苦痛を受けたとき、その衝撃が去ってもトラウマが残る場合は急性ストレス障害となり、さらに長期（1カ月以上）にわたる場合はPTSD（心的外傷後ストレス障害）ともなる。精神的なものだが、体の震えや発汗など、肉体的症状を伴うことも多い。

まず心理学の世界で有力な方法だと考えられているのが、悩みを書き出すことです（42ページ参照）。**書くことで悩みが自分の中で整理され、ストレスが軽減されるのです。その効果は心理面だけでなく健康面にも現れるほど絶大**です。

また、読書をすることもおすすめです。イギリス、サセックス大学の研究チームがさまざまな活動をしている被験者の心拍数や筋肉の緊張度合いを測定。その結果、**読書が最もストレス軽減効果が高かった**のです。その効果は「散歩をする」「コーヒを飲む」といった代表的リラックス方法よりも大きく、開始6分でリラックス効果が表れたといいます。大きなストレスを感じた場合は人にぶつけるのではなく、日記を書いたり、読書をして自分と向き合うのがよいかもしれません。

行動心理学＋α

書くことが救いになる

実験 トラウマの実験

スペインのバスク州立大学のパエス博士は、50人の被験者に毎日20分、自分のトラウマについて書かせ、それを3日間続けさせた。実施後は3日前に比べて、被験者の前向きな気持ちが約10％向上し、感情が動揺しにくくなった。

人間関係×行動心理学

02

女性の喧嘩の仲裁に男性は向いていない

男性は女性よりも強引

どんな喧嘩であっても喧嘩の仲裁はやっかいなもの。とくに異性の喧嘩の仲裁は気を遣うものです。その場合、男性同士の喧嘩を女性が仲裁するのは問題ありませんが、女性同士の喧嘩を男性が仲裁する、という状況は避けた方がいいかもしれません。その理由は、男女における**リスク**（①）の認識の差にあります。

たとえば、プリンストン大学のドミニク教授らの実験では、男性の方がリスクを冒しやすいことがわかっています。彼らは、国防総省が用いているような精度の高い戦争のシミュレーションゲームを、約200名の男女にやらせました。すると、**男性の方が自分の戦力を過大評価することが多く、リスクを冒して相手に攻撃をしかけやすい**ことがわかったのです。このような傾向はとくに**ストレス**（②）のかかる状況において顕著です。南カリフォルニア大学のライト・ホール教授は、「コンピュータの画面上で膨らんでいく風船をできるだけ大きく、割れないうちに止める」というゲームを使った実験を行いました。男女それぞれの参加者は、ゲームを行う前に、

KEY WORD

① リスク
ある行動や決定によって招く危険のこと。その危険の大きさと、起きる可能性の高さでリスクの大きさが決まる。危険が重大なものであっても、起こる可能性がきわめて低ければリスクは小さくなる。

② ストレス
心理学的には精神的な重圧や、それを受けたときの負荷をいう。近年では、過度のストレスは精神的な病だけでなく、肉体的な健康や寿命にも悪影響があると判明している。

常温の水もしくは氷水に3分間手を浸けさせられます。つまり、氷水のグループは強いストレスを感じながらゲームに挑むことになるのです。ゲームの結果、ストレスを感じている男性は、風船が割れる危険をいとわず、よりリスクの高い＝風船が大きい状態で止めるようになり、女性は反対に、ストレスを感じているほどリスクが低い＝風船が小さい状態で止めるという行動をとったのです。

ここまで来れば、より攻撃的でリスクの高い行動を選びがちな男性が、リスクを嫌う女性同士の喧嘩の仲裁をしない方がよい理由はあきらかでしょう。**「仲違い」というストレスがかかる状況で、女性は再び友好関係を結ぶのに慎重になります。しかし、リスクを好む男性は「仲直りした方が絶対に得だ」と考え、ふたりが仲直りするように急かしてしまう**のです。その結果、男性の仲裁が火に油を注ぐことになりかねません。

男性は自分のことを過大評価しがち

さてそうなると、なぜ男性はリスクのある行動をとりたがるのか、

KEY WORD

③ 自己評価

自らの持つ能力や資質、実績に対する自分なりの評価のこと。正確な場合もあるが、多くの場合はさまざまなバイアスによって自己評価は変動する。本文中にあるように男性は自己評価が高く、とくに数学や軍事、金融といった、男性が多い分野では、実際には差がないにもかかわらず、女性よりも得意だと考えがちである。逆に女性は自己の評価を低く見積もりがちであり、とくに前記のような分野ではそれが顕著になる。

という疑問も出てきます。その理由は、自信過剰と、それにつながる過大評価にあるようです。コロンビア大学のエルケ・ウェーバー教授は、男女の被験者へのアンケートを通して、男性はリスクをとることによる利益を、女性に比べて高く評価していることをあきらかにしました。**つまり男性はリスクを好むわけではなく、リスクをとることでより大きな利益を得られると考えているのです。**

この過大評価は、男女それぞれの**自己評価**(3)や、嘘をつくときの傾向にも反映されています。男性は自分を実際よりも優秀であると思いがちであり、嘘をつく場合も自分の計画や実績を大げさに言いがちなのです。いっぽう、女性の方はより現実的で、時に自分を実際よりも低く評価しがちで、嘘もほかの人を持ち上げるためにつきがちなのです。

行動心理学＋α

性差による性格の違い

実験 **おもちゃの実験**

男性と女性の性格の違いを研究する実験は数多くある。心理学者のウォーレンは、サルの子どもが遊ぶおもちゃを研究。その結果、性別によって好みに違いがあることがわかり、性差による性格の違いが先天的なものであるという仮説を立てた。

人間関係×行動心理学

03

だめな部分は早めに打ち明けた方がよい

悪い部分で誠実さをアピールできる

人間であれば誰であっても、よい部分、悪い部分があって当然です。そして、悪い部分はなるべく隠しておきたい、と思うのも人情ではないでしょうか。

しかし、とくに就職面接などでは、大学を留年した理由や過去の退職理由など、どうしても経歴上のマイナス面に触れざるを得ない場合もあります。その場合は、**どのタイミングでマイナス面について話すのが最適でしょうか。**

心理学者で「対応バイアス①」などの研究でも知られるエドワード・ジョーンズ②とエリック・ゴードンは、1970年代のはじめにこの問題に関する実験を行いました。実験の参加者は、とある男性が自分の人生について語っているのを聞かされます。その中には、男性が学生時代にカンニングをしたこと、それが発覚して退校処分になってしまったというエピソードが出てきます。

参加者のうち半数は、話の最初にそのエピソードが出てくるもの、もう半数はその話が最後に出てくるという形で聞かされます。その

KEY WORD

① 対応バイアス

人がある行動をした場合、その行動はその人の思考や意思によるものだ、と推測してしまう心の動きのこと。なんらかの行動をしている人を見たときに、その行動が本心で行っているかわからないのに、その人の性格や思考がそうであると推測してしまう。同様に、自分自身が本意ではない行動でも行っているうちに、自分の考えによるものだと思い込んでしまう、という反応も対応バイアスの働きによるものである。

上でそれぞれ、その男性に対する好感度についてのアンケートが実施されました。

　すると、2つのグループにおいて、男性に対する印象は大きく異なりました。カンニングの話が最初に語られたグループの方が、最後に語られたグループよりもあきらかに好印象を持ったのです。同様に、裁判においても弁護人が被告人にとってマイナスだったり、論旨が弱かったりする部分を最初に述べた方が、逆に比べて勝訴しやすいとされています。

　このように、弱点を先に披露することは、公明正大な態度であると受け取られ、好印象を与えるのです。

プラス面は最後に話すのが好印象

　いっぽう、プラス面の事柄についてはどうでしょうか。この場合はマイナス面とは反対に、全体の後半や最後に話した方が、よい印象を与えました。

　これは話をするときの構成として最後に語った方が印象に残りや

KEY WORD

② エドワード・ジョーンズ
アメリカの心理学者で「対応バイアス」についての研究や本文中で紹介した実験のほかにも、デューク大学在籍時に印象形成におよぼす権威主義などを研究している。ほかにもスティーブン・バーグラスとともに行ったセルフ・ハンディキャッピングの研究でも知られる。これは、失敗する可能性があるときに、言い訳や失敗の理由をあらかじめつくっておくことで、失敗したときに自尊心を守るための反応のことである。

すいというだけでなく、いきなり自分のよい面や強みについて話すと、自慢していると受け取られてしまうからです。そのため、プラス面のエピソードは**話の後半や相手に促されて話すことで、謙虚な人間であると印象づけることができる**のです。

これらのことを考え合わせると、面接において話すべき話の構成は、自ずと決まってきます。履歴書にある自分の経歴のマイナスの部分については、面接官に聞かれる前に自ら話してしまうのです。そうすることで自分が誠実で、公明正大な人物であることを印象づけるようにします。

いっぽう、プラス面の話については、できるだけ謙虚に、最後の方にアピールするようにしましょう。なお、謙虚すぎてアピールしそびれないようにご注意を！

行動心理学＋α

プラスの事柄はいつ話すべき？

実験 好感度の実験

ジョーンズらの実験では、男性が欧州を一周できる奨学金を獲得し、大学を一時休学した、というプラスのエピソードも2とおりに分けて被験者に聞かせた。すると話の後半に語った方が聞き手に対して好印象を与えるという結果になった。

人間関係×行動心理学

04

幸せな
友人が多いと
幸せになる

周囲が幸せだとあなたも幸せになる

人がどのようなときに幸せを感じるかは人それぞれですが、幸福を感じやすい人については、ある程度の傾向があるようです。

ハーバード大学（①）は、総勢1万2000人以上を対象とし、30年以上にわたって追跡する大規模な社会的調査を行いました。具体的には、それぞれの人に幸福を感じているかどうかを調査し、各々の人間関係とともに分析しました。

そこからまずわかったことは、**日々接している友人や家族が幸せを感じていると、当人も幸せを感じる可能性が15％上昇するということ**でした。

これは、私たちの実体験でも感じられるものです。家族や友人が喜んでいる姿を見れば幸せになりますし、配偶者がイライラしていれば、自分もイライラした気持ちになるでしょう。

しかし、調査でわかったことはそれだけではありません。**幸福は人から人へ伝染し、直接顔を合わせていない人間にも影響している**ということも判明しました。たとえば、とある被験者にAさんとい

KEY WORD

① ハーバード大学
マサチューセッツ州にあるアメリカ最古の大学。世界トップクラスの名門大学として有名。多額の寄付金によ る潤沢な研究資金に支えられ、大規模な実験や研究も多い。

② 幸福度
個人や集団がどの程度幸福を感じているかを数値化したもの。さまざまな基準があるが、一般的には自分の幸福度が1から10のどの程度に当たるか、という主観的な回答の統計が用いられる。

う友人がいるとします。Aさんの友人Bさんが幸福を感じていると、被験者はBさんのことを直接知らなくても、Aさんを介して幸福が伝わり、幸福度が10%上昇するのです。

幸福は3人目まで「伝染」する

このような調査を重ねた結果、人の幸福度は当人から数えて3人目まで影響するということがわかりました。先の例であれば、Bさんの友人であるCさんが幸福を感じていると、被験者の**幸福度**（②）は6%向上する可能性があるというわけです。

これは同時に、**あなたが幸せを感じていれば、あなたのまわりの家族や友人が幸せになる上、その友人や同僚、さらにまたその友人まで幸福度を向上させられるということです。**

さて、「6%幸福になる」といわれてもどの程度のものかわからない、と思うかもしれません。ハーバード大学の別の調査では、年収が1万ドル（110万〜120万円前後）増えたときに人が感じる幸福度の増加分は、2%程度であることがわかっています。もち

KEY WORD

③ ニコラス・クリスタキス

ハーバード大学医学部において社会ネットワークを研究する教授。社会的なつながりに関してさまざまな研究を行っており、「男子校出身者は短命になりやすい」などのユニークな研究を行っている。特定の染色体がコミュニケーションに関連し、他人とのつながりをつくりやすくなる遺伝子である、ということもあきらかにした。2009年には米タイム誌の「世界で最も影響力のある100人」にも選ばれている。

ろん単純に金額に換算できるものではありませんが、こう考えると、6％の幸福はかなり大きいと思えるのではないでしょうか。

つまり、**あなたが幸せになりたい、幸せを感じたいと考えているのであれば、収入を増やすことよりも、よき友人や家族との関係を深める方が容易で効率的**であるといえるでしょう。あなたが周囲の人が幸福になれるように手助けした場合、その人の幸福が将来的に、さらにあなた自身の幸福として返ってくるのですから。

この調査に参加した研究者のひとりである**ニコラス・クリスタキス**③教授は、「意識していようとしていまいと、人は周囲の人々との関係に組み込まれています。ひとりの幸福は、人類全体の幸福につながるのです」とコメントしています。

行動心理学＋α

生活習慣も伝染する

実験 **喫煙習慣の実験**

クリスタキス教授は幸福と同様に喫煙などの生活習慣や行動パターンについても調査し、周囲に喫煙者がいると喫煙者になる可能性が61％高まり、間接的な「3人目」が喫煙者の場合も同様に可能性が11％高まることをあきらかにした。

人間関係×行動心理学

05

仲がよくても触れてはいけないパーソナルリスクスペースがある

他人に侵入されたくない個人的空間

電車の座席やベンチなどにおいて、ひとり分の間隔を空けて座る様子を見かけることは多いでしょう。人間はこのように、他人と一定の距離を維持したいという心理を持っており、この空間のことを「パーソナルスペース①」といいます。自分の縄張りのような感覚で、ここを侵害される行為は心理的に大きなストレスになります。この空間の広さは文化によっても違いがあり、日本人は欧米人よりパーソナルスペースが広いといわれます。

また、**パーソナルスペースには物理的な空間だけでなく、心理的なものもあります。**あまり親しくない人に個人的に立ち入った話をされて、不快に思う人は多いでしょう。とくに「パーソナルリスクスペース」といわれる部分には、カウンセラーも触れることを避けます。それは家族（親）の批判、個人のセンスの否定、匂い（体臭）の指摘というものです。このような話題は、よほど親密でも避けるべきですが、**逆にこれらの話題について相談を求められるということは、相手がより親密な関係を望んでいる**ということでもあります。

KEY WORD

① パーソナルスペース

他者に侵入されたくない個人的空間のこと。フィリップとソマーは図書館で座っている女子生徒の隣に男子生徒を座らせるという実験を行い、多くの被験者が落ち着きを失って、7割が30分以内に席を立つという結果を得た。また、パーソナルスペースにも男女差があり、一般に男性は前方向に長く後ろや左右が短い楕円状、女性は後方や横にも前方と同じくらいの空間が広がる正円状のパーソナルスペースを持っているとされる。

人間関係×行動心理学

06

まわりに肥満が多いと肥満になる可能性が高い

友人が食べる → つられて食べる量が増える

食習慣は家族以上に友人が影響する

前々項で紹介したように、幸福が周囲の人々に影響するのと同様に**生活習慣（①）**なども周囲に影響を与えます。**肥満（②）**に関しては、その関係性によって細かく調査結果が出ています。**もしあなたの直接の友人が太っている場合、あなたが太る確率は57%上昇します。あなたの兄弟や姉妹が太っている場合は、それより少し下がって40%、あなたの配偶者が肥満になった場合もほぼ同じで、37%の確率であなたも肥満になる**でしょう。

意外なことに、食習慣は家族よりも親しい友人からの影響力の方が強いのです。これはあなたが独立した大人の場合で、子どもの場合はもちろん両親の食習慣が大きく影響するでしょう。

もちろん食べ過ぎてしまう食習慣だけではなく、まわりの人間のよい習慣もあなたに影響します。あなたの親友が活動的な人間だった場合、つられてよく運動するようになる確率は、そういう友人がいない場合と比較しておよそ3倍になります。その親友が健康的な食生活を送っているとすれば、あなたを含めたまわりの友人たちも

KEY WORD

① 生活習慣

食生活や睡眠時間、運動量、飲酒、喫煙などといった日々の生活で行われる習慣のこと。この中で問題のある行動が原因となる病気がいわゆる生活習慣病である。

② 肥満

正常より体重が多く、とくに体脂肪が過剰に蓄積している状態のこと。世界保健機関（WHO）の基準では、体重（kg）を身長（m）の2乗で割って導かれるBMIで30を超える人が肥満とされる。

5倍の確率で健康的な食生活を送るようになるでしょう。これを利用すれば、**人間関係をうまく組み合わせることで、健康的な生活習慣をとり入れることも可能**です。

人間関係の幸福と身体的な健康を両立している女性の例がありました。彼女の夫は活動的なタイプで、実際にふたりは外で体を動かすことに多くの時間を費やしていました。しかし、彼女が運動を毎日続けられて健康的だった理由は、彼女の友人にありました。友人ふたりで毎日ウォーキングをしていたのです。お互いがお互いのやる気の源になっており、その友人が旅行などでいない場合には、その日のウォーキングをサボることもあったのです。

親友の存在は健康リスクも下げる

前々項でも紹介したクリスタキス教授は、**親しい友人との人間関係の結びつきには、健康面にいい影響を与える力がある**ことを発見しました。友人関係はストレスを和らげ、心臓や血管の機能を良好に保ちます。反対に、友人がおらず、人間関係の結びつきが少ない

KEY WORD

③ 心臓疾患
心臓に発生するさまざまな病気の総称。最も多い心筋梗塞は、動脈硬化などによって心臓の筋肉に血液が届かないことで発生する。生活習慣やストレスによって発生率が上がる。

④ 治癒力
傷の治癒は血小板の凝固による止血、白血球による細菌や不要な細胞の除去、細胞の再生、という順で行われる。白血球の数などはストレスで増減するため、傷の治癒には精神状態も関連するといえる。

人は**心臓疾患（③）**で死亡する確率が、そうではない人間に比べて2倍も上昇するというのです。同様に、人とあまり接していないのに、風邪にかかる確率も2倍に上昇します。

さらにそういった疾患だけでなく、ちょっとした傷の**治癒力（④）**も人間関係に左右されるようです。42組の夫婦を被験者とした実験では、意図的につけた切り傷が回復するまでの期間を測定しました。その結果、**関係が良好であると申告した夫婦に比べて、仲が悪いと申告した夫婦は、傷が治るまでにおよそ2倍の時間がかかった**のです。

ここまで来れば周囲の人間と良好な関係を築き、幸福感を得ることによって、精神的な健康だけでなく身体的な健康も得られることに疑いはないでしょう。「病は気から」ということわざはまさに真実だったのです。

行動心理学＋α

肥満は1600kmの距離を超えて伝染する

理論 影響力の実験

肥満も幸福と同じように、3人先の友人・知人まで影響を与える。クリスタキス教授の調査では、直接会わない、1600km離れた人物の間でも肥満が影響することが判明している。近年ではネットの影響で、さらに遠くても影響するという。

人間関係×行動心理学

07

無理なお願いをするときは、相手にポジティブな言葉を言わせるとよい

頼みごとをするときの効果的な技とは

人に何か頼みごとをしたいとき、あなたはどのように交渉するでしょうか。嫌がっていたり、あまり前向きに考えていない相手に対して自分の頼みごとを聞いてもらうには、テクニックが必要です。ポイントは「前向き」という部分にあります。

アメリカの作家・講師のデール・カーネギー（①）は著書『人を動かす』（②）において、**会話の中で「イエス」という前向きな言葉を、何度も相手に言わせるようにしておくと、そのあとでこちらの意見に賛成してもらえる割合が増える**と書いています。

カーネギーの主張は彼の経験によるものでしたが、それを1980年代に実験で証明したのがサザンメソジスト大学の心理学者であるダニエル・ハワード（③）です。

ハワードは研究仲間を2つのグループに分け、無作為に選んだ対象に電話をかけてもらうことにしました。内容は、飢餓救済委員会が寄付金を集めるためにビスケットを売りに自宅を訪問したい、というものですが、重要なのはそこではありません。

KEY WORD

① デール・カーネギー

ミズーリ州の農家に生まれ、ベーコンや石鹸のセールスで全米トップとなった経験をもとに、自己開発、セールス、企業トレーニング、スピーチおよび対人スキルに関するスクールの講師となり、人気を集めた。実業家のアンドリュー・カーネギーとはまったく関係がなく、綴りも異なっていたが、同じ綴りに変更することで聴衆が集まりやすくなり、ついにはカーネギーホールで満員の聴衆に講演を行ったという逸話を残す。

1つのグループは電話をかけ、寄付の話を切り出す前に「ご機嫌いかがですか」など、必然的に前向きで肯定的な回答が返ってくるようなやりとりを行いました。そのあとで寄付を持ちかけると、32%の人が寄付を引き受けるか、少なくとも自宅への訪問を許可したのです。

もういっぽうのグループはそのような質問を投げかけず、すぐに寄付の話を切り出しました。すると、成功したのは18%にとどまりました。

このように、**事前の会話で肯定的な言葉を引き出しておくと、実に2倍近くの人が頼みごとに対して肯定的な反応を返した**のです。

顔が見えている相手に関心を持つ

もちろん、このテクニックは対面して顔を見ながら頼みごとを行う際にも有効です。その際には質問を行うときに、さり気なくうなずく仕草を入れるのも効果的です。**肯定的な言葉や仕草が相手の心理に影響を与え、肯定的な回答を導く**のです。

KEY WORD

②『人を動かす』
デール・カーネギーの著書で、1937年の出版以来、現在でも高い評価を受けているビジネス書。いわゆる自己啓発書のはしりであり、ビジネスと人生で成功するためのスキルについて書かれている。

③ダニエル・ハワード
話している相手が楽しそうにしていると、聞き手にもポジティブな影響があることや、名前を呼ぶことによるプラスの効果など、さまざまな心理学の実験を行っている。

「顔が見える」ことは別の意味でも人を動かすために重要なポイントです。人は、顔の見えないデータや情報よりも、顔の見える個人に関心を持つ傾向があるのです。寄付の話でいえば、飢餓で困っている人が何百万人もいるという情報よりも、ひとりの飢えた子どもの写真の方が、実際により多くの寄付金を集める効果があるのです。

　同じように困っている人が何人もいることがわかっていても、TVや新聞で報道された人に寄付が集まりやすいのも同じ理由で、**人は不特定多数の相手よりも個人の問題に心を動かされる**ものなのです。

　つまり、人に頼みごとをするときは、関係のない会話の中で相手に肯定的な返事をさせた上で、具体的に誰が困っているかをアピールするのが効果的といえるでしょう。

行動心理学＋α

名前を呼ぶことも大きな効果がある

メソッド ネームコーリング

ハワード教授は名前を呼ぶ効果についても、学生にクッキーを買わせる実験で検証。君（you）と呼ばれた学生は50％、名前で呼ばれた学生は90％が購入した。学生と教授という力関係を考慮しても、名前の効果がはっきり表れている。

人間関係×行動心理学

08

難しい言葉を使うと嫌われる

知性はその人の文章に表れる

文章を書くとき、自分の知性や知識、語彙力をアピールしようとして、つい難しい言葉を使ってしまう、ということはないでしょうか。そのような意図がなかったとしても、つい難しい言葉が多くなってしまう、という人もいるでしょう。しかし、これは読み手の印象にとっては逆効果であることがわかっています。

ダニエル・オッペンハイマー（①）による実験では、被験者に学術論文やデカルトの翻訳書など、さまざまな文章を読んでもらい、それを書いた人物の知性を評価してもらいました。

すると、**わかりやすい言葉で書かれ、読みやすい文字で書かれた文章ほど、書き手の知性を感じるという高評価を得られたのです。逆に、不必要に難しい言葉で書かれた文章は読み手にとって悪い印象を残す**ことになりました。

つまり、あなたが文章を書くときに受け手に対して知性をアピールしたいのであれば、本題が変わってしまわない範囲で難解な言葉を避け、わかりやすい文章で書くようにするのがよいでしょう。

KEY WORD

① ダニエル・オッペンハイマー

心理学の研究者で、カーネギーメロン大学の教授。プリンストン大学在籍時に発表した論文"Consequences of Erudite Vernacular Utilized Irrespective of Necessity: Problems with Using Long Words Needlessly."（「必要性にかかわらず難しい単語を使った文章が導く結果」という文章を必要以上に難しい単語で表記したタイトル）において、風変わりな研究に与えられるイグノーベル賞を、２００６年度に受賞している。

人間関係×行動心理学

09

ドジをして好感度が上がるのは、もともと好感度が高い人だけ

失敗が好感度を上げる結果となる

望んで何か失敗をしようという人は少ないと思いますが、この失敗が好感度を上げるのに効果を挙げることがあります。

ジョン・F・ケネディ（①）がアメリカ史上でも最も人気のある大統領のひとりになったのも、彼の大きな失敗がかかわっているかもしれないのです。

ケネディの失敗とは、1961年にキューバへの進行を命じた、いわゆるピッグス湾事件（②）です。作戦は大失敗に終わり、のちのキューバ危機にもつながりました。歴史家や軍事研究家は今もこの決断を大失策であったとしています。

しかし、**この大失敗の直後に行われた世論調査では、ケネディの人気は落ちるどころか、事件前よりも上がっていた**のです。

事件後、ケネディはすぐに記者会見を開いて、すべての責任は自分にある、という潔い態度をとったことが理由の1つと考えられますが、もう1つ大きな理由があります。それは、**今まで完璧なヒーローと思われていたケネディが、大失敗を犯したことにより、人々**

KEY WORD

① ジョン・F・ケネディ

アイルランド系移民の家に生まれ、ハーバード大学、海軍を経て政界入り。国内外に多くの問題を抱えながらも高い人気を得ていた。在任中の1963年11月22日にテキサス州ダラスで暗殺された。

② ピッグス湾事件

当時のキューバ・カストロ政権を打倒するため、亡命キューバ人部隊を送り込んだ軍事作戦。ケネディとCIA、軍部の連携がうまくいかず、失敗した。

にとってより身近で人間的な人物であるとされ、好感度が高まったというわけです。

この事象を確かめるため、カリフォルニア大学のエリオット・アロンソン③は失敗と好感度に関する実験を行いました。実験は、ひとりの学生がクイズに回答し、自分の履歴を語るという録音テープを参加者に聞いてもらい、その学生への好感度を答えてもらうというものでした。

参加者は2つのグループに分けられ、いっぽうにはクイズに9割以上正解し、優秀な履歴を語る学生の様子が収められていました。もういっぽうも基本的には同じ内容でしたが、テープの最後にコーヒーカップをひっくり返し、新品のスーツを台無しにした様子が追加されていました。

無能な人の失敗は好感度を下げる

その結果、後者のテープを聞いた参加者の方が、より高い好感度を示しました。これによって、ケネディも失敗によって人気を増し

KEY WORD

③ エリオット・アロンソン

1932年生まれのアメリカの社会心理学者。1966年に発表した論文の中で行った実験でしくじり効果(pratfall effect)を実証したほかにも、認知的不協和の研究でも知られる。最も有名な研究成果は、複数人での学習法として提唱した「ジグソー学習法」で、これは、それぞれが個別の内容を学習・研究し、それを持ち寄って互いに教え合い、組み合わせることで学習を深める効果が得られるというものだ。

たことが確かめられたのです。

しかし、この実験には続きがあります。同じようなつくりのテープですが、登場する学生はクイズの正答率が3割程度、履歴もけっして褒められたものではありませんでした。すると、失敗したシーンのある方が好感度が下がってしまう結果になりました。

つまり、ケネディや優秀な学生のように、めったに失敗しなさそうな人物の失敗は好意的に受け止められるが、**だめな学生の失敗はさらに評価を下げるだけの結果になる**というわけです。この現象はしくじり効果といい、**単に優秀で完璧な人間よりも、優秀でありながら時々失敗を犯してしまう人間の方が、より愛される**ということを示しています。優秀さや長所は尊敬を受けても、愛される要因にはなりにくいのです。

行動心理学＋α

女性は失敗も愛嬌になる

実験 **しくじり効果の男女差の実験**

ケネディの例でも示されているように、しくじり効果は社会的地位の高い男性ほど効果が高い。そのいっぽうで、女性の場合は周囲に優秀であると認識されているかどうかにかかわらず、時々失敗をする方が、好感度が高まる傾向にある。

人間関係×行動心理学

10

その場にいない人をけなすと嫌われる

他人のうわさをするデメリット

人によって大なり小なりの差はあっても、多くの人は他人のうわさ話が好きなものです。友人や知人、同僚や上司などの印象的な話を誰かに聞いてほしい、と思ったことは誰にでもあるでしょう。

しかしこのようなうわさ話をするときに、注意するべきことがあります。それは、**「他人のうわさ話をすると自分に跳ね返ってくる」ということです。これは単に自分もうわさ話の対象になるということではありません。あなたに対するイメージの話**なのです。

オハイオ州立大学ニューアーク校（①）のジョン・スコウロンスキは**うわさ話**（②）に関するとある実験を行いました。

スコウロンスキはまず、ひとりの人物が友人や知人についてしゃべっているビデオテープを用意しました。話している内容の中には、「あいつは動物が嫌いなんだ。この前も買い物に行く途中に見かけた子犬を蹴飛ばしていたよ」というように、かなり不快な内容も含まれていました。

実験の参加者にこのようなテープを見せたあとに、語り手の人物

KEY WORD

① オハイオ州立大学ニューアーク校
オハイオ州立大学は学生数5万人を超える全米最大規模の総合大学。ニューアークという名前の都市は全米で10以上存在するが、ここではコロンバス郊外にある同大学のキャンパスの1つが存在する都市のこと。

② うわさ話
その場にいない人間のことについて話をすること。語られる内容はよい話題でも悪い話題でも過剰な内容になる傾向がある。

についての印象を尋ねました。すると、**嫌な人間について語られた場合、語り手の人間性についてはまったく知らないにもかかわらず、語り手自身も嫌な人間であると参加者たちが感じている**ことがわかりました。

つまり、嫌な人物について語っていた当人が、聞き手にとって嫌な人物であるという印象になったのです。

この現象は自発的特徴変換と呼ばれるもので、話の内容が話している本人と結びついてしまう、というものです。これは、うわさ話をすることのデメリットであり、メリットでもあります。

うわさ話の内容で人間性が判断される

あなたが他人の短所や嫌な面についてうわさ話をした場合、聞き手は、あなた自身もその短所や悪い部分を持っているかのように感じてしまいます。いっぽう、**友人や仲間の長所やよい言動について楽しそうに話せば、あなた自身もその長所を持つ、よい人間であると見られる**ことになるのです。好意的に見られたい相手に対しては、

KEY WORD

③ ポジティブ

前向きな姿勢・考え方のこと。どうしても他人の悪い事柄について話さなければいけない場合でも、話しかたをポジティブにすることで、マイナスの自発的特徴変換を避けることも可能である。

④ 報告

報告・連絡・相談はビジネスの基本事項である。口頭、電話、メール、文書（メモ）などの手段があるが、どの方法でも自発的特徴変換を招く度合いに明確な差はないとされる。

否定的な話をせず、うわさ話であってもいい話やポジティブ③な話をするようにした方がいいでしょう。

この自発的特徴変換が起きるのは、うわさ話にかぎりません。**たとえば上司に対して、あなたが部下や同僚、取引先などのミスや不手際を報告④する場合にも起こりうる**ということは覚えておきましょう。この場合、あなたのせいではなくても、不手際やミスが与える悪い印象が、あなたへの印象になってしまうということになります。

だからといって報告をしない訳にはいきません。悪い報告をするときは、タイミングを見計らって相手の機嫌がよいときを狙う、よい報告と一緒に報告する、といった工夫によって、自発的特徴変換のデメリットを減らすようにするといいでしょう。

行動心理学＋α

話の主役が置き換わる!?

用語 自発的特徴変換

「自発的」というのは心理学でよく使われる用語で、ここでは「自然に」といった意味となる。話の聞き手が無意識のうちに話題となっている人物の特徴を、話し手の特徴と結びつけて（変換して）連想してしまうことを指している。

人間関係×行動心理学

11

人のために時間を費やすと忙しさを感じにくくなる

slowly

忙しさは人とのかかわりで軽減できる

忙しいとき、人がストレスを感じてしまうのは当然の反応です。さらに「時間がない」という意識は、判断ミスなどを招きやすいこともわかっています。

ペンシルバニア大学ウォートンスクール①の研究者たちは、忙しさを感じている人たちを被験者として集め、突然の自由時間を与えました。そしてひとつのグループには「自由に過ごしてください」と伝え、もういっぽうのグループには「必ず誰か他人の手助けにその自由時間を使ってください」と伝えました。

実験後、それぞれのグループにアンケートを行うと、後者のグループの方が自分が感じている忙しさ、つまり「時間がないという意識」が薄れていることがわかりました。

ここからわかることは、誰かのために行動することは、時間にかかわるプレッシャーを和らげ、ストレスを軽減できるということです。忙しさを感じているのなら、意識を誰か親しい人に向けることで、やる気を維持し、さらに力を得ることができるでしょう。

KEY WORD

① ペンシルバニア大学ウォートンスクール

1881年、アメリカの私立大学であるペンシルバニア大学（ペンシルバニア州フィラデルフィア）に設立された、全米初のビジネススクール（経営大学院）。同市出身の実業家であるジョセフ・ウォートンの寄付によって誕生した。全米でもトップクラスの評価を得ているビジネススクールで、アメリカ大統領ドナルド・トランプも卒業生である。また、三菱財閥三代目総帥の岩崎久弥をはじめ日本人の卒業生も多い。

人間関係×行動心理学

12

まわりに協力を得たい場合は、メールを一斉送信してはだめ

緊急時に正しい対応ができないわけ

あなたがレストランやカフェにいるとき、店の奥から白い煙が上がってきたらどうするでしょうか。瞬時に火事だと判断して適切な行動がとれるでしょうか。

ラタネとダーリーはこのような状況に関して、とある実験を行いました。ふたりはディスカッションをしてもらうという名目でコロンビア大学の学生たちを集め、控室で待機させました。

学生は控室で待機している間、事前のアンケートに回答しますが、そのときに**ラタネとダーリーは換気口から白い煙を流し込んだのです。そして、このときの学生の様子を観察し、煙のことを報告するため部屋を出ていくまでの時間を記録しました。**なお、6分を超えた場合は報告に動かなかったものとして、その時点で実験終了としました。

この実験には3つの状況が与えられました。1つは学生がひとりだけで部屋にいる場合、次は3人の何も知らない学生がいる場合、最後にひとりの学生と、ふたりの協力者がいる場合です。

KEY WORD

① 傍観者効果

傍観者効果が確認されるきっかけとなったのは、38人もの人間が事件を認識しながら、誰も殺人事件を通報しなかったキティ・ジェノヴィーズ事件であった。1964年にニューヨークで発生したこの事件は、当初「都会人の冷淡さ」によって多くの目撃者がいたのに通報されなかった、と思われたが、ラタネとダーリーが実施した実験によって、「目撃者が多かったからこそ誰も通報しなかった」という無意識の行動だということが証明された。

協力者は学生と同じように振る舞いますが、換気口から煙が出てきても、一瞬注意を向けるだけで、終始無関心を装うように指示されていました。

実験の結果、学生ひとりだけの状況では、75％の学生は6分までに報告するために部屋を出ました。

学生3人の場合は同じく38％の割合で誰かが報告に向かいました。

そして最後の状況では、6分までに事態を報告しようとした学生は10％しかいませんでした。

このことからわかるのは、**人は緊急事態と判断しうる局面に遭遇しても、自分以外の人間がそばにいる場合、その判断に影響を受けてしまい、お互いに行動することを妨げる抑制効果が働く**ということです。

つまり、緊急事態だと思っても、ほかの人間も見ている場合、誰かが行動するだろうと考えて行動しなくなってしまうということ。心理学の世界では、これを**傍観者効果**（①）といいます。いわゆる**正常性バイアス**（②）の働きが、他人の存在によって強化されるともいえるでしょう。

KEY WORD

② 正常性バイアス

恒常性バイアスともいい、もともとは人間が予期せぬ出来事や新しい事態に遭遇した際に、必要以上に動揺しないようにする心の働き。本当に緊急事態に直面した際にもこのバイアスが働き、都合の悪い情報を無視したり、「自分は大丈夫」など自信過剰から来る楽観に陥ったり、「まだ大丈夫」などと事態を過小評価したりしてしまう。火災や事故などで、何もせず逃げ遅れた人がいるときは、この正常性バイアスが原因と考えられる。

協力の依頼は個別に行おう

人の行動を抑制するのとは反対に、人に行動を促すには何が必要でしょうか。アンケート調査を郵送し返送してもらう場合、切手や記念切手などの方が返送率は高く、料金別納の場合は返送率が低いという実験結果があります。**相手が自分のことを考えていると認識した方が、人は行動に移しやすい**のです。

現在では一斉メールなどの便利なツールがありますが、会合への出席や作業の協力を得たい場合などは、一斉メールを使わずに、面倒でも個別にメールを送った方がいいでしょう。一斉メールでは傍観者効果と同じように「ほかの誰かが返答するだろう」という意識が働いてしまい、誰からも協力が得られないかもしれません。

行動心理学＋α

郵送アンケートの回答率調査

実験 返報性の実験

統計学者の林知己夫が行った実験で、郵送調査に使う返信用封筒は、料金受取人払よりも切手を貼る方が返信率が高く、記念切手だとさらに高くなった。さらに、送る封筒も料金別納ではなく、切手や記念切手で送った方が回答率が高まった。

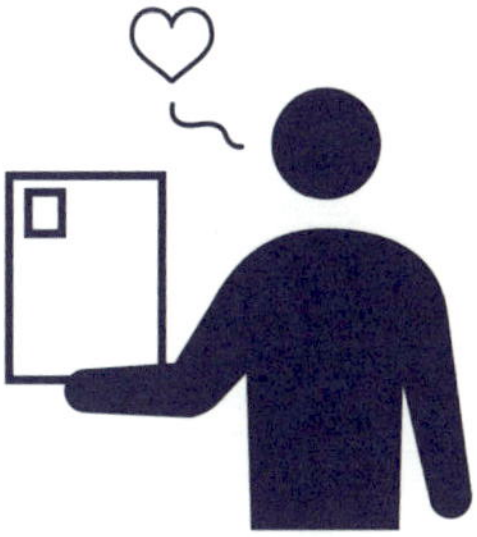

人間関係×行動心理学

13

「ちょっとした好意」を与えると、お返しがもらえる

人が無意識に持っている返報性

人から何かをもらったとき、あなたはどのように感じるでしょうか。自分も何か好意を返そうと思うか、あるいは借りをつくった気がしてあまり気分がよくなかったりするでしょうか。いずれにしても、**人には好意を受けた相手に対して、そのお返しをしたくなる「返報性」という性質があります。**無作為な相手にクリスマスカード①を送る実験では、知らない相手にもかかわらず多くの人がカードを返信してきました。

社会心理学者のデニス・リーガン②は、以下のような実験で、返報性の原理③について調査しました。被験者は、まずあらかじめ指示を受けた協力者とふたり1組となりますが、そのことは被験者は知りません。まずはふたりで簡単な課題を行ったあと、協力者は休憩時間にいったん部屋の外に出てから戻ってきます。その際、協力者は以下の3パターンの行動をとります。

1つめは、協力者は2本のコーラを持って戻り、1本を被験者に奢りだと差し出します。2つめは、協力者は何も持たずに戻ります

KEY WORD

① クリスマスカード
クリスマスの時季にお祝いの言葉や相手を思いやる言葉を添えて、親しい友人や家族に送るカード。キリスト教諸国では広く行われており、日本の年賀状に近い慣習である。

② デニス・リーガン
アメリカ・コーネル大学の心理学者。実験的な社会心理学、とくに因果属性と対人的な影響についての研究を行う。心理学的な観点から経済を分析する行動経済学の研究でも知られる。

が、その後リーガンが入室し、ふたりに1本ずつコーラをわたします。最後のパターンでは協力者は何もせず、被験者は何ももらいません。休憩後ふたたび課題が実施され、終了したあとに協力者は「自分が売っている宝くじを何枚でもいいので買ってほしい」と交渉します。その結果、協力者からコーラをもらった被験者は何もなかったときに比べて2倍の枚数を購入しました。また、リーガンからコーラをもらった場合も1・5倍の枚数を購入したのです。

この実験でわかるのは、**人が誰かから利益や好意を受けた場合、その人は他者に利益や好意で報いたいと考えるということです。しかも、それを返す対象は直接的に利益や好意を受けた相手にかぎらない**、ということなのです。

好意の大きさでお返しも変わる

この法則について、イギリスの心理学者であるデヴィッド・ストロメッツは、より詳細な実験を行いました。レストランで会計を行う際、ウエイターが勘定書とともに客にキャンディをわたしたあと、

KEY WORD

③ 返報性の原理

人間の返報性を利用した身近な例としては、男性が意中の女性に対して食事を奢ったり、プレゼントを贈ったりするといったことが考えられる。ほかにも、スーパーにおける試食や、試供品の提供などもこの返報性による見返りを期待したものであることが多い。このような返報性の利用は大抵の場合は両者が得をする関係で成立しているが、時にはこのような心理が詐欺的な商法にも利用されることがあるので、注意が必要である。

客からのチップ額を調べるというものです。

客ひとりにつきキャンディ1個をわたした場合、チップは3％増加しました。ひとりに2個をわたした場合は14％増しでしたが、1個をわたしたあと、立ち去る前にふと思い出したようにポケットからもう1個ずつのキャンディをとり出してわたした場合は、23％増しになりました。キャンディの個数が同じにもかかわらず、後者の方が多くなったのは、ウエイターの行動が自発的な好意と受け取られたからだと考えられます。

このように、他人に対する好意は、ちょっとした物であっても、場合によっては大きなお返しが待っています。さらに直接ではなくても、巡り巡って返ってくることもあると考えれば、普段から他人に好意的に接することは、結果的に自分の利益になるでしょう。

行動心理学＋α

食事をしながらの方が好意的になる

実験 食事の実験

心理学者のラズランは、人が食事をしながら知った「人」「物」「情報」を好きになりやすいことを実験で証明した。つまり、食事を奢りながら話すことで、二重の効果で好感度を上げ、頼みごとを聞いてもらいやすくなるのである。

14

名前が似ていると親切にされやすい

人は似た人間に説得されやすい

人の説得は難しいものですが、「自分と相手が似ている」と感じることで、かなり説得されやすくなるのをご存知でしょうか。

サム・ヒューストン州立大のランディ・ガーナーは、とあるアンケートを行う際、1つの実験を行いました。それは、回答者の片方のグループには、**ファーストネーム①**が同じ研究者からアンケートを送り、もういっぽうは異なる名前の研究者から送りました。

その結果、回答を送り返した人の割合は、前者のグループで56％に達しましたが、後者では30％にとどまりました。そのほかの研究では、**2004年の大統領選挙②**において、ふたりの候補の支持者それぞれに、自分の性格と候補者の性格を評価してもらったところ、いずれの側の支持者も、自分と支持している候補の性格が似ていると考えていることがわかりました。さらに、人は外見が近い相手を支持し、その意見に賛成するという研究結果も出ています。

これは、**名前・性格・外見など、自分に似た部分を持つ相手には、好意的な反応を示しやすく、説得されやすい**ということなのです。

KEY WORD

①ファーストネーム
姓名のうち「名」に当たる部分。欧米ではファーストネームを聖人の名前からとったり、親から引き継ぐため、日本に比べて同じ名前を持つ人は多い。

②2004年の大統領選挙
ジョン・ケリーとジョージ・W・ブッシュによって争われた大統領選挙。一般的にケリー候補は新しい政策に対して柔軟な思考をしており、いっぽうでブッシュ候補は誠実で真面目と考えられていた。

人間関係×行動心理学

15

自分の失敗を他人はそれほど気にしない

ミスを重大に考えるのは本人だけ

人は失敗を恐れる生き物です。そしてそれと同時に、人は必ずミスをします。コーヒーをデスクにこぼしたり、玄関の鍵をかけ忘れたり、顧客や上司、面接官などにうっかり失礼なことを言ってしまったり。ミスを一度もしたことがない、という人はいないでしょう。

しかしその避けられない失敗やミスについて、人は必要以上に意識し過ぎるという傾向があります。自分の犯したミスが皆に注目され、責められたり軽蔑されたりするのではないか、と実際以上に強く思ってしまうというのです。

コーネル大学のトマス・ギロヴィチ（①）の研究グループは、2000年に以下のような実験を行いました。5人の学生が参加者として研究室に集められ、質問用紙の内容に回答するように求められました。そこにもうひとりの参加者が5分遅刻して到着します。

遅刻して参加することになった学生には、そのとき学生の間で最も恥ずかしいTシャツだとされていた歌手バリー・マニロウ（②）の顔がプリントされたTシャツを着用して入室するように命じまし

KEY WORD

① トマス・ギロヴィチ

米国の心理学者で、本文の実験のほかにも、後悔に関する研究を長年行っており「人は何かをして後悔するよりも、何かをしなかったことに関する後悔の念をより強く抱く」ということを解明した。

② バリー・マニロウ

1943年生まれのアメリカ人歌手・作曲家。実験当時の学生にとっては「過去の大スター」であり、顔写真のTシャツは恥ずかしい、という共通認識があった。

た。そして、部屋に通された遅刻した学生は、すでに参加していた5人の学生の前に立たされ、その視線にさらされたあとに外で待つように言われ、退室します。

これらの一連の実験のあと、参加者それぞれに質問が行われました。部屋にいた5人の学生には遅刻者の着ていたTシャツに気づいたかどうかを聞き、いっぽうの遅刻して立たされた学生には部屋にいた学生のうち何人ぐらいにTシャツを見られたと思うか、を尋ねました。

人は自分のことを過大評価する

この実験を何度か繰り返した結果、部屋にいた学生の中でTシャツに気づいたのは平均して5人中ひとり、つまり20%でした。いっぽう、遅刻者の側は平均して2・5人、つまり50%の人間にTシャツに気づかれたと感じていたのです。

遅刻者の側は、自分の恥ずかしい外見が人の印象に残ることを、実際の2倍以上も過剰に意識していたことになります。このように

KEY WORD

③ バイアス

「偏り」を意味し、心理学で用いられるときは認知バイアス（先入観や思い込みから、思考や認識が誤った方向に歪められてしまうこと）を指す。

④ 自己中心性バイアス

認知バイアスの一種で、自分が物事の中心であるかのように考えてしまうこと。自分の恥や失敗が実際以上に注目されていると思うだけでなく、根拠のない自信や、自分の実績を過大評価するといった思考も同様である。

人は、自分の外見や行動、ミスが実際以上に他人の注目を浴びていると思い込んでしまうのです。

その原因は、われわれは自分自身のことを過大評価するため。ある意味で自信過剰に陥っている状態で、他人の視線や印象に関してバイアス③がかかってしまうのです。これを「**自己中心性バイアス④**」といいます。

これを知れば、ミスや失敗もそれほど意識しなくてもいいとわかるでしょう。自分が思うほど、人はあなたのミスには気づかないのです。ミスを謝罪したり、過剰に反応したりするとかえって注目を集めてしまいます。

あなたが思っているほど、まわりは注目していない、と考えることでプレッシャーから解放され、ミスがミスを招くような悪循環から抜け出せることでしょう。

行動心理学＋α

自意識過剰に要注意!?

用語 **スポットライト効果**

自己中心性バイアスによって、他人の考えの推測が歪められることをスポットライト効果という。自分がまるでスポットライトを浴びているかのように、他者から注目されていると過剰に考えてしまうことからこう呼ばれる。

人間関係×行動心理学

16

人に優しくすると寿命が延びる

■奉仕活動をすると

■病気になりにくい長生きする

優しさのリターンは素敵な老後

人に親切にしたり、優しさを示すことでつらい経験による絶望感を和らげることができるのは、広く知られています。テロ①や大災害を経験した被害者・被災者が、逆にボランティアに参加することでPTSDを軽減させた例は多数あります。

ですが、優しくすることの効果はそれだけではありません。人が感じているストレスと奉仕活動②に参加した時間、そして心臓血管疾患やがん、糖尿病など重度の疾病の有無について調査した結果、ストレスが多い人は新たな疾病を発症しやすいが、奉仕活動を定期的に行っている場合はそのかぎりではないことがわかったのです。

これは当然ながら寿命の長さにも反映されています。人は強いストレスを受けることで死亡リスクが30％も高くなります。しかし、強いストレスを受けながらも定期的にまわりの人々を手助けしている人の死亡リスクは、強いストレスを感じていない人と同じでした。

このように、人に優しくすることは、ストレスによる悪影響を回避し、精神だけでなく肉体も健康を保つことができるのです。

KEY WORD

①テロ

2001年9月11日にアメリカで発生した同時多発テロは、被害者の多さと被害規模、ショックの大きさなどから、精神的外傷やストレスの大規模な調査・研究において頻繁に用いられている。

②奉仕活動

教育委員会や教会の委員会活動への参加や、地域の共同農園や花壇の世話のように、地域社会をよくするための活動のこと。アメリカでは社会のシステムに組み込まれている。

人間関係×行動心理学

17

相手の言ったことを繰り返して確認すると好感度が上がる

○ 繰り返す

× 繰り返さない

「相手の真似」は好感度を上げる

人は自分と似た人間に好意を持つことは121ページで紹介しました。これは逆にいえば、**「似た部分」をわざとつくり出すことで、人から好意を持たれることもできる**ということです。

ナイメーヘン・ラドバウト大学①の心理学者バーレンは、レストランのウエイトレスの協力で、2とおりの方法で注文をとってもらいました。片方は「はい、わかりました」「はい、すぐに」など、前向きで丁寧なあいづちを入れ、もういっぽうは客の注文を同じ言葉を繰り返して確認する方法です。

実験の結果、前者よりも後者の方が、わたされる**チップ②**が圧倒的に多くなりました。別の実験では、相手の身振りや姿勢を真似することにも、好感度を高める効果がありました。

これらの実験からわかるのは、**相手の言ったことや動作を真似することで、丁寧な応対をする以上に相手の好意を得られる**ということです。好意を持たれたい相手がいるのならば、さり気なく相手の言葉を繰り返したり、動作を真似するといいでしょう。

KEY WORD

① ナイメーヘン・ラドバウト大学
オランダヘルダーラント州ナイメーヘンのカトリック系大学。かつてはナイメーヘン大学と呼ばれたが、聖ラドバウトからとった名称に改められた。

② チップ
規定料金とは別にサービス提供者に直接わたす心づけの現金のこと。欧米では一般的な慣習。サービスの質によって金額が上下するため、チップの多さは好感度の反映と考えられる。

COLUMN 02

こまめに解消？　沈静化させる？

“怒り”の感情コントロール法

「怒りは細かく発散すれば爆発しない」というのは間違い!?
実験からわかった怒りの鎮めかたとは？

「怒りの感情はため込まずに発散した方がよい」とよくいわれますが、これはフロイトの「無意識化の抑圧された悪い思いを大きくなる前にとり除く」という考えかたが広まったもの。しかし、これに対して、心理学者のウィリアム・ジェームズは真っ向から反論。怒りは「穏やかに振る舞うことで鎮まる」と主張しました。

　では、どちらが正しいのでしょうか。それを証明するために多くの心理学者が検証を行いました。そのひとり、マレー・ストラウスは、口論しがちな夫婦は肉体的暴力に発展しやすいことを検証。また、左ページの労働者たちの実験で、フロイト式では怒りは解消されないことを証明しました。テンプル大学のジェフリー・ゴールドスタインが行ったスポーツと敵意の調査でも、ヤジを飛ばすなど、フロイト式では発散されていたはずの攻撃性が、試合のあとに高まっていたことがわかりました。

　いっぽう、心理学者のブラッド・ブッシュマンは、いくつかの実験を行い、攻撃性を発散するよりも、穏やかに振る舞うと気持ちが鎮まることをあきらかにしました。フロイトを完全否定するわけではありませんが、深層心理の怒りを掘り起こして解消するのは難易度が高い方法です。それよりも「穏やかに振る舞う」感情コントロール法を身につけた方が簡単です。

実験

不満を言わせる？　関係ないことを聞く？

怒りを解消するための比較実験

STEP.1

大量解雇を予定している建設会社で社員の会社への敵意を調査。あえて会社への敵意を刺激するような事前質問をするグループと、関係ない事前質問をするグループの2つに分けた。

STEP.2

感情を刺激する事前質問を受けたグループは、怒りを口にする人が多かった。その後、会社に対する敵意を質問したところ、会社に対する強い不満を口にする従業員が続出した。

STEP.3

敵意を吐き出し、フロイト式では怒りが解消して敵意が下がるはずのグループの方が、怒りの解消行動を行っていないもう1つのグループより敵意が高まる結果になった。

結論

大きな怒りに発展する前に、怒りを爆発させるフロイト式は、逆により攻撃的になることが確認されている。より効果的に怒りを鎮めるには、「穏やかなように振る舞う」ことがよい。深呼吸など肉体と精神の緊張をほぐせば、穏やかな気持ちが生まれてくる。

CHAPTER

03

ルーティーン × 行動心理学

ルーティーン×行動心理学

01

「理想の自分」について書くと幸福度が上がる

夢が自分をポジティブにする

ポジティブであるよりネガティブである方が成功しやすいことは、以前触れました（18ページ参照）。しかし、本人の**幸福度でいえば、楽観的である方が幸せ**でいられることがわかっています。

ミズーリ大学のローラ・キング①は、人を行動させる動機にもなる楽観主義について詳しい研究を行いました。彼女の行った実験は、ごくシンプルなもの。被験者は、4日間続けて教授の研究室を訪問。そして毎日20分、「自分にとって最高の将来像」を書くように指示されます。「自分の思い描く夢がすべて叶ったら」と考えるのは、まるでゲームを攻略するよう。子どものころ、同じような遊びをしたことがある人も多いのではないでしょうか。

被験者の中には比較対象として、自分の毎日の暮らしをテーマに書くよう指示されたグループなどもいます。すると、「自分の夢」を書いたグループは、**比較対象のグループよりもポジティブな気分になりやすく、数週間後には、より幸福感を感じ、数カ月後には病気にもかかりにくくなった**とする傾向も報告されたのです。

KEY WORD

① ローラ・キング
ミズーリ大学コロンビア校の心理学教授。幸福、人生の意味、アイデンティティの物語構築、成人期の人格発達などを研究する。学院生のサラ・J・ウォードとともに行った「直感力に関する研究」などが有名。

② フィリップ・ブリックマン
1943年、カナダ生まれ。社会心理学者。この実験は「幸福は相対的なものか」をテーマに行われ、雑誌に掲載された。

カルフォルニア大学のソニア・リュボミアスキーらによる実験では、自宅でも4週間にわたって、時間を決めず好きなだけ「理想の自分」について書くように指示を出しました。すると、**書くことに意義を見出し、積極的に書くことにとり組んだ人ほど幸福度を高める効果がある**ことがわかりました。自分の幸福度がずっと続くのを望むのならば、書き続けるのが、確かな効果を生むわけです。

では、なぜ書くことによってプラスの効果が得られるのでしょうか。それは、**自分の希望が書くことによってあきらかになり、論理的にこれから自分が向かおうとしている先を分析できるようになる**からです。

自分にとって何が重要で、どれだけの努力があれば、何を達成できるのか。それを考える「自分の夢」を書くのはポジティブ思考であり、幸福感とともに目標に邁進《まいしん》する方法論というわけです。

「お金持ちになりたい」は危険？

「理想の自分を書き出しなさい」といわれたら、成功してお金持ち

KEY WORD

③ 研究

ブリックマンの研究では、宝くじの当選者22人、対照群（当たっていない人）22人、交通事故によって下半身麻痺になった29人を比べている。その結果、当選者は対照群よりも幸福というわけではないし、また下半身麻痺になった人と対照群の幸福度の差も、とても小さいことがわかった。人は幸福の「設定値」を持っており、ある出来事に反応しても、やがて基本ラインに立ち返るという「設定基本理論」を打ち出した。

になる姿を夢見る人も多いでしょう。しかし、お金持ちになることを目標にするのは考え直した方がよいかもしれません。

1978年、ノースウェスタン大学のフィリップ・ブリックマン（②）は、莫大な賞金を得た高額当選者と、ランダムに選び出した実験参加者を対象に研究（③）を行いました。

彼ら実験参加者に「現在の幸福の度合い」「将来的にどれくらい幸福になりたいか」「毎日どんな楽しいことがあるか」などを尋ねました。

その結果、高額当選者とそれ以外の人で、現在の幸福度や将来の幸福は、ほとんど差がないことがわかりました。

そればかりか、**日々の単純な事柄に喜びを見出す度合いは、高額当選者の方が弱かった**のです。

行動心理学＋α

「自分とは何者」という分析

メソッド 夢を書き出す

将来の夢について書き出すことは、自分が優先するものや感情、そしてアイデンティティを自己分析することにもなる行為。そして目標を阻む障害にも気づくことができ、物事をコントロールしているように感じられるようになる。

ルーティーン×行動心理学

02

環境を変えて心機一転しても幸福は長続きしない

幸せのためには努力が必要

仕事でとんでもない失敗をしたり、彼氏や彼女にフラれたり。そんなとき、「環境が変われば、心機一転して頑張れるよ」というアドバイスをもらったことがありませんか。

実は**「環境が変わる」ことの効果は、長続きせず一時的なものにすぎないという研究結果**があります。

たとえば、心理学者のケノス・シェルドン（①）とソニア・リュボミアスキー（②）が2007年に行った実験。そこでは受動的に手に入れた幸福感は、長続きしないという結果が出ました。

実験では被験者が、最近「環境的変化」を経験したグループと、最近「意図的変化」を経験したグループに分けられました。環境的変化とは具体的にいうと、「住むところが変わった」「高級な車に乗るようになった」など外的な要因が変化することです。いっぽう、「意図的変化」とは「新しい趣味を始めた」とか「仕事の内容が変わった」など、自分の行動が変わることを指します。

この2つのグループに、数週間にわたって、自分の幸福度を評価

KEY WORD

① ケノス・シェルドン
ミズーリ大学に在籍する心理学者。他人に裏切られた場合、しっぺ返しをすると、その後ずっと協力反応をとってくれるという「しっぺ返し戦略」の研究などで有名。

② ソニア・リュボミアスキー
カリフォルニア大学リバーサイド校の心理学科の教授。ポジティブ心理学の実証研究の第一人者。人を幸せにするための生活イベントが、逆に障害になることがあると主張する。

してもらいます。すると両者とも、自分の身の回りに変化が起こった直後は、幸福度が急上昇していました。

ところが、後者の**「意図的変化」を経験したグループは、幸福感が長く続いたのに対し「環境的変化」グループは、すぐに以前のレベルに戻ってしまった**のです。

なぜ、このような違いが表われたのでしょうか？

それは環境の変化に人がすぐ慣れてしまうからだと考えられます。たとえ住む場所や乗る車が変わっても、慣れてしまえば以前のものとそれほど違いを感じなくなってしまうのです。

シェルドンとリュボミアスキーは、幸福感が、時間が経つにつれ減少することを「**快楽の習慣化**③」と名づけました。

人は新しい経験をすると、幸福感を覚えます。だが、それが常態化すると、新鮮さが薄れ、幸福感も低下していくというわけです。

どうやら「環境的変化」は快感の習慣化を招きやすく、継続的に幸福感を得るには、定期的に環境の変化を繰り返す必要があるのですね。

KEY WORD

③ **快楽の習慣化**

心理学では、幸福感にもつながる高揚感の発生源を「快楽」と「苦痛回避」の2つで説明する。だが、どちらの場合も、もたらされた「幸福」の感情を毎日味わっていると、単なる習慣になってしまい、色あせてしまう。同様に長期にわたってストレスの回避困難な環境に置かれた人物は、その状況から逃れようとする努力すら行わなくなる学習性無力感という心理作用を引き起こす。習慣化とは、ある側面では、非常に恐ろしい現象なのだ。

心機一転のための「意図的変化」

いっぽう、**「意図的変化」は快感の習慣化が起きにくい変化**です。新しく始めた仕事や初めての職場、これまでとは違った趣味は、状態が絶えず変化していく体験です。毎回のように知らない人に出会い、知らない技術を、体験によって学びます。

この変化によってもたらされたドキドキ感、つまり幸福を持続するために、絶えず自分も移り変わっていく必要があります。

こうした刺激によって、習慣化されることがなく、幸福感が長く続くというわけです。

つまり、**心機一転のためには、「意図的変化」を選ぶのが最良の方法といえる**のではないでしょうか。末長い幸福感を得るためには、行動を変える努力が必要なのです。

行動心理学＋α

幸福度を持続させる手段は？

メソッド　行動を変える

幸福度を持続させるには、自分の性格や価値観に合わせ、新しいことにチャレンジしてみるのがよい。生活をガラリと変えるのが困難なら、今までの活動の内容や、行動時間帯を変え、快楽の習慣化を避けるのが最良の手段といえる。

ルーティーン×行動心理学

03

自信がない人ほど
ダイエットは成功する

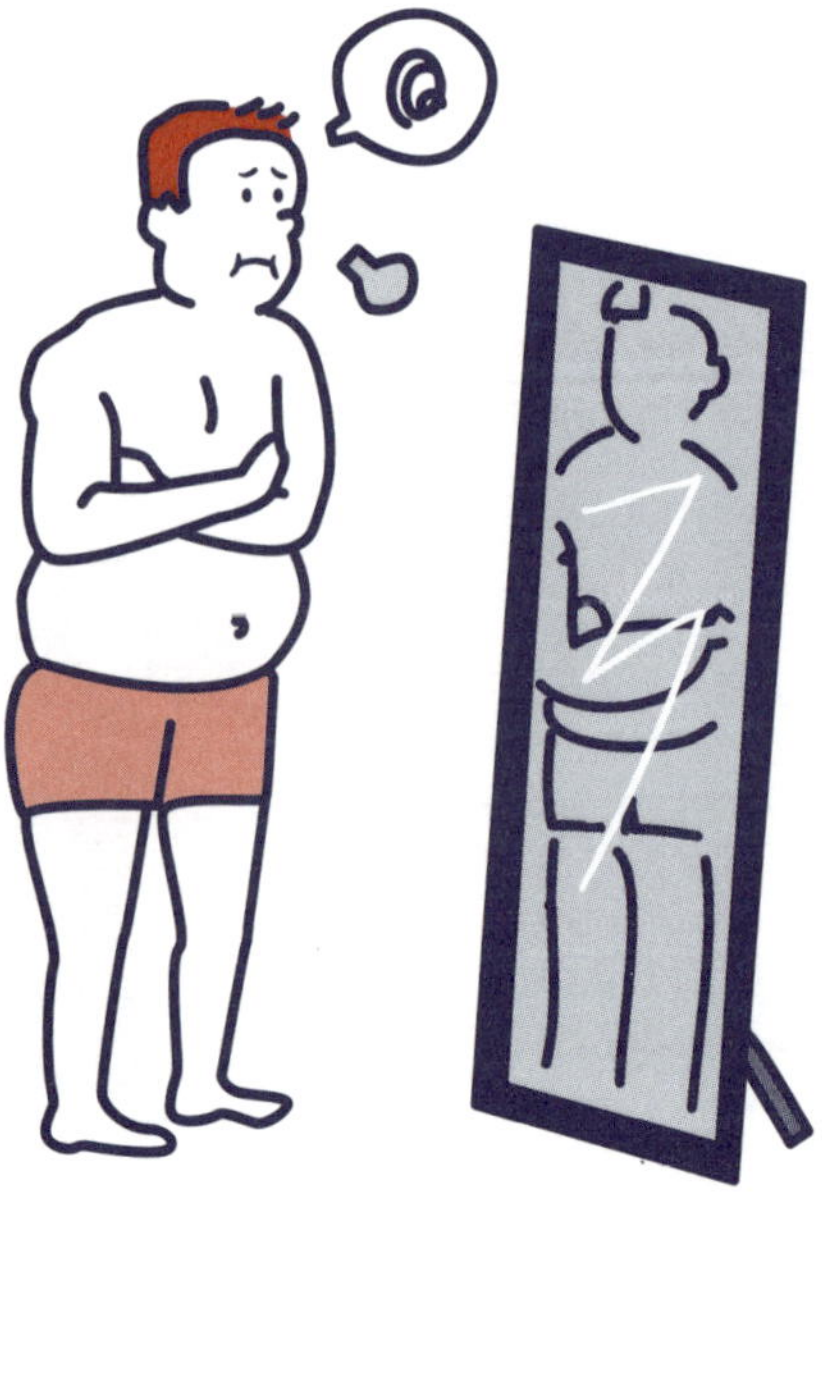

マイナスイメージが成功の秘訣？

痩せていることが美しいという考えかたが蔓延《まんえん》する現代社会。誰もが一度は、ダイエットに挑戦したことがあるでしょう。

そんなダイエットですが、**「その気になればいつだって痩せられる」と思っている人ほど痩せられない**という研究結果が出ています。

ペンシルバニア大学の心理学者ガブリエル・エッティンゲン①とトマス・ワッデン②は、ダイエットのための減量プログラム参加者の女性グループを対象に研究を行いました。すると、頭の中で食事の場面を想像したとき、ダイエットが成功するイメージを持った女性よりも、「料理が並んだときに他人よりも食べてしまうかもしれない」などと、マイナスイメージを持った方が、平均11・8キロも減量に成功していたことがわかりました。

結局、プラスイメージだけで満足してしまう女性より、マイナスイメージを持っていても、気を引き締めていた方が、体重を減らすことに成功する確率が高かったのです。自信のなさは、逆に自分を変えようという危機感に直結するのですね。

KEY WORD

① ガブリエル・エッティンゲン

米・ニューヨーク大学、独・ハンブルク大学の心理学教授。『成功するには ポジティブ思考を捨てなさい 願望を実行計画に変えるWOOPの法則』など認知、感情、行動における思考の影響についての執筆多数。

② トマス・ワッデン

ペンシルバニア大学の心理学教授。肥満についてのさまざまな心理学的研究を行っており、書籍や論文などを多数発表している。

ルーティーン×行動心理学

04

大きいフォークを使うと満腹感を覚えやすい

心理学で楽々ダイエット

結局のところ、ダイエットとは自分との闘い。どれだけ食べる量をコントロールし、摂取するカロリーを減らせるかがポイントです。しかし、「自分へのご褒美」や「お菓子は別腹」などと、何かと理由をつけて、ついつい過剰に食べ物をつまんでしまうのが、人間の弱いところ。太ることによって見た目が変わるだけならまだしも、健康上痩せる必要がある人も、時に食欲に負けてしまいます。

こんなときこそ、覚えておきたい心理学の研究成果があります。その研究を応用すれば、**苦しい思いをせずにもっと楽にダイエットを成功させる**ことができます。その方法を見つけたのは、心理学者のリーヴァ・ミシュラ(①)。彼は**大きいフォークを使うだけで、食べる量を減らすことができる**ことを発見しました。

実験は、被験者に小さいフォークと大きいフォークの2種を用意し、料理を食べてもらうというもの。小さいフォークは、大きいものより、およそ20%少ない量しか食べられないサイズでした。するとと大きいフォークのグループは、小さいフォークのグループ

KEY WORD

① リーヴァ・ミシュラ

心理学者。日本では、オックスフォード大学の心理学者・知覚研究者チャールズ・スペンスとともに行った食べ物のイメージと名称(言語の周波数)の比較の研究で知られている。

② 満腹中枢

間脳の視床下部にある満腹感を覚えさせる部位。食べ過ぎてしまうのは、満腹中枢が刺激される前に食事を詰め込んでしまうのが原因とされる。

より、多くの料理を食べ残したのです。

人間が満腹感を覚えるまでには、それぞれの時間があります。ところが、脳の**満腹中枢**（②）が働くまでは、**人間は食器の大きさで満腹になる簡単な目安を計っている**のです。つまり、大きなフォークを使う参加者は、「たくさんの量を食べている」という感覚を強く感じたということ。逆に小さいフォークを使う参加者は、物足りなさを感じいつまでも食べ続けてしまうのです。

もちろん、大きいフォークを使っても、ガッついて、猛スピードで食べれば、心理学的効果はゼロ。ゆっくり、落ち着いて食べるという注意は必要です。

では、いつも大きいフォークを使えばいいかというと、そうではありません。食べ物を食器からとり分ける場合、大きいフォークを使うと、とり過ぎてしまうという研究結果があります。

心機一転のための「意図的変化」

コーネル大学で消費者行動学を研究する**ブライアン・ワンシンク**

KEY WORD

③ ブライアン・ワンシング

1960年生まれ。消費者行動学と栄養学の分野の研究者。自らが設立した食品・ブランド研究所の所長を務める。広告やマーケティング、食品パッケージが食生活におよぼす影響などに着目し、人々の食生活改善のための研究を行う。数々の論文や書籍を発表しており、日本でも著書『そのひとクチがブタのもと』が話題となった。2007年には「ボトムレスボウルの原理」についての研究でイグノーベル賞も受賞。

③は、パーティーに友人を招き、こっそり、ある実験を試みました。

大小のスプーンや皿を用意して、自分の好きなだけの量のアイスクリームをすくいとってもらったのです。

すると、大きなスプーンを使った友人は、普通の大きさのスプーンを使った人たちよりも14％、大きな皿を使った友人は31％も多めに、アイスクリームをすくっていたことがわかったのです。

自分の好きなだけ食べてもよいというような、**制限のゆるい状況で大きな食器を使うのは、ダイエットには向いていない**ということなのです。

もしダイエットを成功させたいならば、心理学的には、場面によって大小の食器を使い分け、また意識することが必要なようです。

行動心理学＋α

ダイエットは孤独な闘い？

メソッド ひとりで食事する

心理学者であるワンシンクによる、「食事パターン」の研究では、誰かと一緒に食事をすると、食べる量がひとりのときより35％増えるとの結果も。ダイエットを成功させるには、食器の大小と、誰とどこで食べるかなどが大事。

ルーティーン×行動心理学

05

考えごとをしながらだと高カロリーなデザートを選んでしまう

集中しないと誘惑に負けてしまう

大好きなTV番組を見ながら、お菓子をひとつまみ。お笑い番組に大笑いし、恋愛ドラマにうっとりしていて、気づくと、目の前はお菓子の袋の山！　そんな経験はありませんか。またお菓子だけではありません。やらなきゃいけない仕事がたまっているのに、タバコ休憩ばかりとって、仕事がはかどらないなんてことも。

「誘惑に負けず、やるべきことをしなければならない」。そんなことはわかっているはずなのに、人間は、無意識のうちに、こうした行動をとってしまいがち。それだけでなく、キリもなくお菓子をパクパクと食べれば、成人病を招く結果にもなりかねません。タバコをスパスパ吸えば、肺がんや心臓疾病の原因にもなります。それでも、誘惑に勝てないのはなぜでしょうか。

スタンフォード大学経営学部のババ・シヴ教授（①）は**「人間は、考えごとで頭がいっぱいになっているときほど、誘惑に負けやすい」という研究結果を報告**しています。

彼は被験者の学生に、誰かの電話番号を思い出そうとしながらデ

KEY WORD

① ババ・シヴ
マーケティング学者。意思決定などに関連する神経構造を研究する神経経済学の第一人者。2008年、心理学者ダン・アリエリーとともに、高価な偽薬は安価な偽薬より効力が高い、という研究でイグノーベル賞を受賞。

② セールストーク
心理学者メラビアンによる買い物客の実験で、考えごとをしている客はセールスマンの表情や仕草に影響され、漫然と買い物していたのがわかった。

ザートを選んでもらいました。すると、普通にデザートを選んだ学生より、ハイカロリーなチョコレートケーキを選ぶ確率が50％も高かったそうです。シヴ教授は、普段の食事のときのように健康を意識しながらデザートを選べば、もっとローカロリーの物を選んだはずと指摘しているのです。**誰かの電話番号を思い出すことで気が散り、ついつい「食べたい」という衝動だけで、おいしそうなチョコレートケーキに釣られてしまった**わけです。

このような状況は普段の買い物のときにも見られます。「あれも買わなきゃ、これも買わなきゃ」と考えているうちに、店頭販売のセールストーク（②）に釣られて、別段、欲しくもなかった品物を買わされてしまう確率が高くなるのです。

それでは、**気が散ると誘惑に負けるというのは、どんな精神のメカニズムなのでしょうか。**

「ながら」行動はNG

人間が何か行動をとるとき、私たちは無意識（③）のうちに選択

KEY WORD

③ 無意識

「無意識」は、心理学的にはさまざまな意味を持つ。意識とは、主体が意識する「対象の総体」が存在している「領域」だとすれば、「無意識」は、その「領域の外」である。そこには、意識に現れない、膨大な量の記憶が存在している。アメリカの言語学者、認知科学者ノーム・チョムスキーは、「領域の外」の記憶や構造が、意識や、そのありように大きく影響をおよぼしているとしている。無意識の選択は、「領域の外」の影響なのである。

を行います。目の前のお菓子を食べるときも、「このお菓子を食べるかどうか」自分でも気づかないうちに選択しているのです。そして、**考えごとで頭がいっぱいになってしまうと、この無意識の選択が衝動的なものになってしまいます。**

「気づかないうちに、目の前にはお菓子の袋の山」なんてことにならないためには、いったいどうすればよいのでしょうか。

答えは、選択を意識的にするくせをつけることです。無意識にバクバク食べてしまうというのは、ほかのことに気をとられながら、無意識の選択に任せてしまっているということなのですから。自分が「ながら」の状態で重要な決断をしてしまっていることに気づき、意志を持って「食べない」という選択をすることが大事なのです。

行動心理学＋α

「ながら」は目標をおろそかにする

言葉　**ながらスマホ**

「ながら」の行動では、衝動的なものを選んでしまう確率が高いことがあきらかに。最近では、何をやりながらでもスマホをいじるのが当たり前の光景。しかし、自分の目標をおろそかにしてしまう可能性があるのでご注意を！

ルーティーン×行動心理学

06

少しの運動で毎日を気分よく過ごせる

運動は体を健康にするだけではない

あなたは普段、日常的に運動を行っているでしょうか。健康維持やダイエット（①）のために普段からスポーツジムに通っている、という人もいれば、運動すべきなのはわかっているけれど、忙しくてなかなか難しい、という人もいるでしょう。

米ギャラップ社によるアメリカ人40万人を対象にした調査では、週に5日間、30分以上の運動をしている人は約1／4、27％にとどまりました。日本でもさほど状況は変わりなく、通勤で歩くのが一番の運動という人も多いのではないでしょうか。

しかし実は、**忙しくてストレスを感じているような人ほど、日常的に運動することがメリットになる**ということが、最近の研究でわかってきました。**日常的な運動は、身体の健康だけでなく、精神面での健康にも役立つ**というのです。

定期的に運動する習慣を持っている人の中には、運動する理由として、体を動かすと気分も見た目もよくなり、自分に自信が持てるようになることを挙げる人もいます。

KEY WORD

① ダイエット
規定食という意味から食事制限によって痩せることを指す用語として定着。痩せるための活動全般がダイエットとされるが、本来は運動による体重管理はダイエットとは異なる。

② コレステロール
脂質の一種で、人の細胞を構成する重要な物質。生命維持に欠かせない物質だが、動脈硬化などを招くタイプのものが悪玉コレステロールと呼ばれ、必須のものは善玉コレステロールとされる。

これを確かめるため、バーモント大学の研究者たちは、24の大学の学生を被験者として以下の実験を行いました。被験者は無理のない程度の負荷で20分間の自転車こぎ運動を行います。そして2、4、8、12時間後の被験者の気分を確認します。すると、12時間後になっても、運動をしなかった人たちと比べてはるかによい気分で過ごせることがわかりました。つまり、**20分程度の運動で、1日中気分よく過ごせる**というわけです。

この運動習慣は、週に2日、3日……と増やす方がストレスの低減効果や、幸福度の上昇に効果的です。しかし週に7日、つまり毎日になってしまうと、幸福度にも肥満予防にも逆効果であることもわかっています。休養日なしの運動は逆にストレスになってしまうのです。**1日20分程度の運動を週に6日続けることが、日々を気分よく過ごすためには最適**なのです。

疲れているときにこそ運動で回復

もちろん、日常的に適度な運動をすることは肥満を予防すること

KEY WORD

③ Ⅱ型糖尿病
血糖値が一定以上の濃度になる病気。インスリンの分泌異常などが原因で、すい臓の機能異常で発症するものがⅠ型、生活習慣によって発症する、いわゆる生活習慣病がⅡ型となっている。

④ ジョージア大学
アメリカのジョージア州アセンズにある総合大学。アメリカ南部の名門校で、1785年に設立された同国初の州立大学である。大学内にはさまざまな国立の研究施設がある。

に大きな効果があります。さらに、運動することで良質な**コレステロール（②）**が増え、血圧低下や**Ⅱ型糖尿病（③）**の予防、免疫システムの向上とがんの予防にも効果があります。良質な睡眠をもたらし、うつ病の症状や不安が軽減するという効果も見逃せません。

また、**疲れているときこそ運動すべきである、という調査結果もあります。ジョージア大学（④）**の運動生理学部門の研究者であるプッツたちの研究では、疲れの回復に効果があるとされる方法を70種類以上用意し、その効果を分析。その結果、**疲労回復用の薬より、運動の方が効果的なことが判明**しました。

つまり、1日20分ほどの適度な運動習慣を身につけることは、心体のリフレッシュと幸福度のアップを、同時に得られるということなのです。

行動心理学＋α

休みなしの運動は逆効果？

調査 運動と肥満の関係

ギャラップ社による運動日数と肥満の関係の調査では、運動しない人の肥満率は35％であるのに対して、週5～6日の運動をする人は19％にまで低下した。しかし、週7日になると20％と、わずかであるが体重に悪影響が出る結果に。

ルーティーン×行動心理学

07

物を買うより出かけた方が幸せになる

幸せになるお金の使い方とは？

普段の生活では知らず知らずのうちにストレスがたまるもの。そんなストレスを解消するため、頑張った自分へのご褒美として買い物をすることはよくありますよね。長期の海外旅行へ行ったり、高級時計を買ったり、高額な出費をして時に憂さを晴らすことは悪いことではありません。しかし、**せっかくお金を使うのであれば、より幸福になれることに使いたいもの。そこで役立つのが、お金の使い道と幸福感の関係について調べた研究**です。

心理学者**リーフ・ヴァン・ボーヴェン①**と**トマス・ギロヴィチ②**は、実験の参加者たちにアンケート調査をしました。自分のためにどのような項目にお金を使い、それがどれだけ自分に高揚感をもたらしたのか聞いたのです。その度合は、気分が「悪い」から「よい」までの8段階、さらに「悲しい」から「幸せ」までの8段階から選ばせました。その結果、**品物を買うよりも、心に残る特別な体験をした人の方が、長期的にも短期的にも記憶に残り、幸福度が長続きする**ことがわかったのです。

KEY WORD

① リーフ・ヴァン・ボーヴェン

コロラド大学ボールダー校の心理学者。民俗心理学や神経科学を専門とし、自分や人々の感情や、判断、意思決定といった社会心理プロセス、人生の満足度などを研究する。

② トマス・ギロヴィチ

コーネル大学の心理学教授。「なぜ人間は、判断を間違えてしまい、あいまいな信念を形成し、合理的とは思えない行動を選択してしまうのか」をテーマに行動経済学を研究。

このことをさらに詳しく調べるため、ボーヴェンらは高額な出費について質問する、もう1つのアンケート調査を行いました。

あるグループには、最近自分が買った100ドル以上の品物の品目を、もういっぽうには最近100ドル以上を使って体験したこと（旅行やコンサートなど）を書き出してもらい、現在の気分を自己評価してもらいました。すると先程の調査と同様に、物を買うよりも体験にお金を出費した方が、幸福感に長く貢献することがわかったのです。**買う物の値段が高くても人を幸せにしてくれるわけではない**のですね。

ついつい、高級な物に囲まれていると幸せになれるように思い込みがちです。しかし、高級な物を買った高揚感は時間とともに消え去り、リーズナブルな物を使っていたときと幸福度は変わらなくなってしまうのです。

経験は美化されていい思い出になる

では、なぜ体験はいつまでも幸福感が続くのでしょうか？　それ

KEY WORD

③ **思い出**

思い出が美化されるメカニズムは、脳の記憶のしくみによる。人間の脳は一度、忘れてしまった記憶を思い出そうとするときに、より印象的に刻み込まれるようにできている。そのとき、記憶は微妙に変化していく。

嫌な記憶を忘れてしまうのは、意識的に抑制がかかるため。その結果、楽しい記憶だけを思い出しやすくなり、そのたびに都合よく変化していくので、思い出は、どんどん美化されていくのだ。

は人間の記憶のメカニズムに理由があると考えられます。

たとえばコンサートへ行った場合、会場へ行くまでの混雑など、マイナスの事柄はあまり記憶に残りません（それどころか、トラブルも笑い話やプラスに作用することもあります）。いっぽう、**音楽で感動した経験はより美化されて印象が強まり、忘れられない思い出③となります。**

それだけでなく、体験を誰かに話したりすることで、記憶をさらに鮮明にすることができます。他人と一緒に体験を共有した場合は、のちにそのときの出来事を語り合ったりもできるので、さらに印象は強まります。

これが体験の方が幸せ度が長続きする理由です。物か体験、どちらに出費するか迷うときは、体験にお金を使うとよいでしょう。

行動心理学＋α

幸せには人間関係が大事

メソッド **思い出の共有**

高価な物を買ったりすると、羨んだ周囲の人間に避けられることもある上、買った本人が物をとられまいと人を遠ざけることも。一方、体験は、他人に話したり、共有もできるもの。長期的な幸せには人間関係を優先するのがベター。

ルーティーン×行動心理学

08

怒った顔をすると腹が立つ

1. 怒った顔をする

2. 小さなことでも怒る

体が心をつくる

近年の医療の研究では、人間は、笑うと免疫力が高まる①ことがわかっています。患者さんの治療のため、寄席を開いて落語を聞かせる病院もあるそうです。このとき、本当に笑っていなくとも、笑い顔を浮かべるだけで効果があるとか。それだけ**人間の表情と感情、そして身体は、強く結びついている**のです。体が心に影響を与えるのは、笑顔をつくったときだけではありません。カリフォルニア大学の心理学者ポール・エクマン②は、**怒りの表情をつくったときは、怒っているような生理反応が表れ、悲しい表情をつくったときは、悲しいときの生理反応が表れる**ことを発見しました。

彼はまず、実験の参加者全員に測定器をとりつけ、心拍数と皮膚温度を記録できるようにしました。そして、参加者に今までの人生の中で、強い怒りや悲しみを感じた瞬間を鮮明に思い出してもらったのです。そうすることで実際に怒っているときや悲しんでいるときに近い状態をつくり出し、生理反応を記録したのです。

その後、目を見開き、歯を食いしばった怒りの表情、目を軽く閉

KEY WORD

① 笑うと免疫力が高まる
実験の結果、笑うと、ウイルス感染や悪性化した細胞が発生した際に、すぐさまそれらを攻撃する初期防衛機構、NK（ナチュラルキラー）細胞が活性化し、がんなどの進行の遅延や痛みの軽減が報告されている。

② ポール・エクマン
カリフォルニア大学の心理学者。感情と表情に関する先駆的な研究者で、その研究は犯罪捜査の分野でも利用されている。

じ、口角を下げた悲しい表情をつくってもらい、それぞれ生理反応を記録しました。すると、**表情だけつくった場合でも、怒りや悲しみの記憶を思い出したときのような生理反応が表れた**のです。

これに続いて、思い出す体験と顔の表情を変え、幸せや恐怖など、さまざまな感情について、同様の作業をしてもらいました。すると、ニコニコ顔で幸せな表情を浮かべれば、幸せな記憶を思い出したときのように、心拍数が低下して皮膚温度が上昇しました。眉を八の字、顔をしかめて恐怖の表情を浮かべると、恐怖体験を思い出したときのように、心拍数が増加して皮膚温度が低下しました。

この結果が、表情豊かな西洋文化の中でのみ育まれた現象ではなく、人類全般に共通することを、エクマンは世界各地で実験を行って確かめました。**表情から感情が生まれることは、人間の持つ生物学的基盤である**ことが判明したのです。

表情が脳の働きも変える

エクマンの実験結果は、感情を体験しているかのように振る舞っ

KEY WORD

③ アズイフの法則

19世紀後半の心理学者ウィリアム・ジェームズは「人は楽しいから笑うのではなく、笑うから楽しい」といった具合に、行動が心をつくるのだと提唱した。心理学者リチャード・ワイズマンはこの原理を「アズイフ（AS IF＝のように）の法則」と名づけ、多くの実験を行った。その1つは、実験参加者に「毎日、数秒ずつ笑う」ことを依頼したもので、1週間後に調査すると、参加者の幸福度は大きく上がっていた。

て表情をつくると、**気分が変わるだけでなく現実の肉体にも直接的な影響が与えられることを証明**しました。この作用は現在、アズイフの法則（③）として知られています。

怒った顔をすると、生理的に腹が立ったのと同じ状態になり、悲しい表情をすれば、生理学的に悲しいときと同じ状態になったのです。つまり、**笑顔が免疫力を高めるのも、生理学的に幸福を感じているときと同じ状態になったため**だと考えられるのです。

そして、最新の脳科学では、表情をつくることによって、生理反応だけでなく脳の活動も変わることが判明。T・W・リーらの研究では、MRIによって脳をスキャンしたまま被験者に恐怖の表情をつくってもらうと、恐怖を感じたときと同様、扁桃体が活発に働くことがあきらかになったのです。

行動心理学＋α

心と体を健康にする方法

メソッド **つねに表情を明るくする**

怒りの表情を浮かべれば、腹が立つように、その反対の場合も。表情を明るくすれば心が安定し、体も健康になるのは実験でもあきらかに。「病は気から」「笑う門には福来る」は、この心理的な現象を表しているといえる。

ルーティーン×行動心理学

09

「自分は年寄りだ」と思う人は老化が早い

タイムスリップで若返る

「年をとると認識能力や身体能力は衰えるもの」「体が老化してしまうから、老化現象は仕方がない」、一般的にはそのように思われています。しかし、**老化の原因は、実は体よりも心にあるのではないか**と訴えたのが心理学者のエレン・ランガー（①）です。このことを証明するために、彼女は被験者を「自分は若い」と思わせる、おもしろい仕掛けを用意しました。

被験者は、75歳の男性グループ。エレンは彼らを若返ったと錯覚させるために、20年前の雑誌や服などが用意された合宿所で1週間生活させました。彼らは「今は20年前にタイムスリップしたと思ってください」と言われ、やがて実験が進むとグループの中には、定年退職したはずの仕事を、現在もしているように話す人たちも現れました。その後、**彼らの体力や姿勢、知覚、記憶力を測定すると、あらゆる面で改善が見られた**のです。

H・G・ウェルズ（②）の小説『タイム・マシン』のように、気持ちだけ過去に戻れれば、いつまでも若くいられるかもしれませんね。

KEY WORD

① エレン・ランガー
ハーバード大学の心理学教授。意思決定や老化、意識を主観的世界に集中させるマインドフルネス理論を研究。日本では著書『ハーバード大学教授がこっそり教える　あなたの「天才」の見つけ方』が出版されている。

② H・G・ウェルズ
イギリスの小説家。『タイム・マシン』（1895年）をはじめ、『透明人間』、『宇宙戦争』などの作品を書き、SFの父と呼ばれる。

Chapter 02
Chapter 02
Chapter 03 ルーティーン×行動心理学
Chapter 04

ルーティーン×行動心理学

10

大股で歩くと幸せになる

簡単に幸せになれる方法

「幸福とはそう簡単に訪れないもの」。そんな思い込みをしてしまっている人はいないでしょうか？　実は**心理学の研究で、誰でも簡単に幸福感を高める方法がわかっています。それはただ、歩き方を大股にするという方法**です。

アトランティック大学の心理学者サラ・スノドグラスは、歩き方が、行動する人間に、どのような影響を与えるか研究しました。

まず、運動と心拍数の関係を調べるという名目で被験者を募集し、2日に分けて、参加者に3分ずつ歩いてもらう実験を行ったのです。そこでは参加者の半数に、腕をよく振り、大股で、背筋を伸ばして胸を張って歩くように指示します。残りの参加者には、歩幅を小さく、のろのろと、うなだれて歩いてもらいます。

その後、調査すると、**堂々と歩いたグループは、しょぼくれた態度のグループよりも、幸福度がはるかに高かった**ことがわかったのです。幸福度はこんなに簡単に高めることができるのですね。

TVで活躍する芸能人、タイトルをとるようなスポーツ選手は、

KEY WORD

① トミー・アン・ロバーツ
コロラド大学の心理学者。男性は、自分を高めるためにお金や時間を投資することを正当化する傾向があり、女性は、男性パートナーを喜ばせるのにお金を使う傾向があることを証明した実験で有名。

② ウィリアム・ジェームズ
哲学者、心理学者。アメリカの心理学の祖。日本でも多くの著書が翻訳されている。作家ヘンリー・ジェームズの実兄である。

立ち振る舞いからして堂々としていて、自信ありげに見えるもの。いっぽう、気が弱かったり、自分に自信がない人は、猫背でうつむいているイメージがないでしょうか？　しかし、これは順序が逆で、**姿勢が悪いからネガティブになってしまう**のです。

心理学者**トミー・アン・ロバーツ（①）**は、２００７年の実験で、背筋を伸ばす実験をしました。背筋を伸ばしたグループと、前かがみのグループをそれぞれ3分間椅子に座らせ、その後、全員にテストを実施。**背筋を伸ばしたグループは、幸福度が上がっただけでなく、テストの成績もよい**ことがわかったのです。

ちょっとした動きでも、心には大きな影響を与えるのです。

前述の芸能人やスポーツ選手が、背筋を伸ばし、胸を張って歩くのは、自信をつけるために、とっている行動なのかもしれません。大股で歩くと、きっと幸せを呼び込むことができるでしょう。

微笑むと幸福度が上がる

あらゆる行動の仕方が、感情に影響するのではないかとの説を出

KEY WORD

③ 微笑を長続きさせる練習

「笑う門には福来る」とはよくいったもの。だが、単なるつくり笑いは長続きできないので、笑い話や楽しかった記憶を思い浮かべながら微笑の表情をつくる、メールが届いたらにっこりする、電話が来たら微笑むといった具合にタイミングも決めるとよい。微笑をくせにしていくと、日常生活の中に幸せをとり込むことができるのだ。恥ずかしがらず行えば周囲の雰囲気は協調的になり、良好な関係を築きやすくなる。

し、歩き方が気持ちに作用することを最初に実証したのは、19世紀末から20世紀に活躍したアメリカの哲学者、心理学者の重鎮ウィリアム・ジェームズ（②）でした。歩き方や姿勢が心に与える影響を調べたジェームズの説を実証する形で進められた研究は、その結果、行動が感情に影響するのは確からしいという結論が出ました。

行動が心に影響を与えることがわかったのであれば、幸せになりたい人がとるべき行動は1つ。幸せでなかったとしても、まるで幸せであるかのように振る舞うことです。そのためには、微笑を長続きさせる練習（③）をしてみるのもいいでしょう。大股で歩き、姿勢を正し、いつも笑顔を忘れなければ、幸せは自然とやってくるはずです。

行動心理学＋α

幸福度を高める歩き方

メソッド 楽しげに歩く

幸福な人と、不幸な人は、行動の様子が根本的に違うとの研究があり、幸福な人は幸せそうに振る舞っていることを実証。この結果を反対に考えれば、歩くときはリラックスし、元気に楽しげに歩くと、幸福度が高められるといえる。

ルーティーン×行動心理学

11

お金を人のために使うと幸せになる

自分へのご褒美では幸せにならない？

海外の有名俳優や起業家には、**慈善事業（①）**にお金を献金しなければいけないという暗黙のルールがあります。多額のお金を得た人は、それを社会に還元するのが、人として当然のモラルになっているのです。「頑張って働いて儲けたのだから、好きに使わせてあげないとかわいそう」なんて思う人もいるかもしれません。しかし、**他人に施すという行為は、ただ自分のためにお金を使うよりも幸せになれるという研究結果**が出ています。

ブリティッシュ・コロンビア大学の心理学者**エリザベス・W・ダン（②）**は、2008年に研究チームをつくり、お金の収支と幸福感について調査しています。彼らはまず、被験者600人以上に自分のために使ったお金と、他人に使ったお金の額を調査しました。そしてそれらの金額と現在の幸福感との関係性を調べたのです。

その結果、**他人のためにお金を使う人ほど幸福なことがわかり、自分のために使う金額が大きくても、自分の幸福感には関係がないことがわかった**のです。

KEY WORD

① 慈善事業
欧米では慈善事業が根づいており、活動は神に対する心の問題で、人に喧伝するべきではない、と考えられている。またイスラム教圏でも相手に施しをする文化がある。

② エリザベス・W・ダン
カナダのブリティッシュ・コロンビア大学心理学部門の准教授。消費と幸福についての最先端の研究を行っている。日本では『「幸せをお金で買う」5つの授業』が知られている。

「他人にお金を使う余裕がある人は、もともと幸せなだけじゃないか」と思われる人がいるかもしれません。しかし、エリザベス・ダンはその疑惑を解消するために、もう1つの実験を行っています。

その実験では、無作為に選んだ被験者の半数にお金をわたし、「その日のうちに自分のために使ってほしい」と頼みました。残り半分の参加者には、「慈善事業への寄付か、誰かへの贈り物に使ってほしい」と指示します。すると、事後の調査で、お金を他人のために使ったグループは、自分のために使ったグループよりも幸福度が高くなっていることがわかったのです。**所有している財産にかかわらず、お金は人のために使った方が幸せになる**のですね。

これはアメリカだけの傾向ではなく、東アフリカの人々を対象にした実験でも、同様の結果となりました。

与えるとストレスが減る

なぜ、このような結果となったのでしょうか？　その理由は簡単です。**他人に富を分けることは、人のために役立っている自分をポ**

KEY WORD

③ ボランティア活動

自分の労力を地域社会の福祉、災害復興のために無償で提供する活動。欧米ではメジャーな慈善事業よりも日本ではこちらの方がなじみが深い。総務省統計局が5年置きに発表する社会生活基本調査によると、平成19年～23年に災害ボランティアを行った人は約432万人。東日本大震災以降、各地でボランティア団体が活発に活動するようになった影響もあり、前回調査のときから、約3倍の数字になっている。

ジティブに感じるだけでなく、相手を大事な存在だと認識し、尊重するようになります。他人と何かを分かち合うと、自然に交流が生まれ、新たな友情や人間関係が築けることを意味しているのです。

それによって、今まで目を背けて罪悪感を抱いていたような大きな問題に対しても、**精神的苦痛を感じることが少なくなり、自分の現在の幸運にも感謝できるように**なります。親切な行動をすることは、**幸福度を高め、長続きさせる強力な方法といえる**のです。

もちろん、そんな経済的余裕はないと考える人も多いでしょう。しかし、幸福心理の研究家ソニア・リュボミアスキーの行った実験では、簡単な**ボランティア活動**（③）をするだけでも、幸福度が40％も上がったという結果が得られています。

行動心理学＋α

物の買い過ぎに注意!?

用語 **物質中心主義**

物を買うことで幸福を感じようとする物質中心主義の人があふれる時代。しかし、心理学的には持続的な幸福感を得るためには物質的な豊かさに囚われず、人とのつながりを意識して生活することが非常に重要とされている。

ルーティーン×行動心理学

12

多くの人とハグすると、どんどん幸福度が上がっていく

恋人以外とでもOK

恋人とのスキンシップは、幸福度を大きく高めます。たとえば、愛する人とのハグは、いかにも心の平穏を保つのに役立ちそうです。「では、恋人がいない人はどうすればいいの？」という疑問に答えるのが、ペンシルバニア州立大学で行われた心理学実験です。

この実験では、被験者に４週間、毎日５回以上、恋人以外とハグさせます。そしてハグするたびにそのことについて記録させたのです。そして４週間後幸福度を測ると、**ハグをしなかったグループと比べてハグをしたグループは、幸福度が高くなった**のです。

フリー・ハグズ①という運動が広がっていますが、幸福度を高めるといった意味では、恋人以外とハグをすることには大きな意味があるのですね。

また、ハグの効能は医学的にも証明されています。**スキンシップやハグをすると、男女、年齢を問わず、別名「愛情ホルモン」と呼ばれるオキシトシン②が脳内に分泌され、気分が落ち着いたり、ストレスを軽減させたり、安心感、信頼関係を強める**のです。

KEY WORD

①フリー・ハグズ
他人を励まし、愛情を分かち合うため、街頭で見知らぬ人々とハグをするという運動。2001年、アメリカのジェイソン・ハンターが母を亡くしたことをきっかけにマイアミで始めた運動で、その後、ネットを通じて世界に広まった。

②オキシトシン
下垂体後葉から分泌されるホルモンで、ストレスを緩和する効果がある。薬剤としては、陣痛促進剤や子宮収縮剤として使われている。

ルーティーン×行動心理学

13

微笑んでマンガを読むと、よりおもしろく感じる

表情と感情はつながっている

心と体は密接に結びついています。たとえば意識的につくる表情が、実際の気分に影響をおよぼすことも珍しくありません。ドイツのマンハイム大学のフリッツ・ストラックらは、このことを1988年の実験によってあぶり出しています。

ストラックは被験者を2グループに分け、それぞれにゲイリー・ラーソンの風刺マンガ『ファーサイド』①を読んでもらいました。ただし、第1グループには鉛筆を歯だけでくわえるよう、第2グループには鉛筆を唇だけではさむよう、事前に指示しておいたのです。

この指示に従うと、**第1グループの表情は微笑みに近くなり、第2グループのそれはどこか不満げになります。**その状態で『ファーサイド』を読んだ被験者に、ストラックは作品をどれくらいおもしろいと思ったか、今現在はどれくらい幸せを感じているかを質問。すると、両グループからは大きく異なる答えが上がってきたのです。**「笑顔」の第1グループは『ファーサイド』をおもしろいと思い、幸福感も強い傾向にありました。**いっぽう、**「不満顔」の第2グルー**

KEY WORD

①『ファーサイド』

アメリカのマンガ家ゲイリー・ラーソンの代表作。1980～1995年に新聞連載された1コマ風刺マンガであり、シンプルな描線とトボけた味わいで人気を博した。主要キャラクターは存在せず、作品ごとに普通の人間はもちろん、宇宙人や怪物、アメーバなどが登場。アイロニーに満ちた笑いのドラマを繰り広げる。海外ではポストカードの絵柄にも使われるなど、非常にポピュラーな作品。そのため、心理実験にも使用された。

プの感想は正反対。表情と連動した感情を抱く人が多かったのです。
この実験結果はマンガにかぎらず映画などでも同様ですが、「表情フィードバック仮説」と呼ばれ、現在でも検証が続いています。

笑顔でイギリス全体の幸福度がアップ

さらに「笑顔の効果（②）」に関しては、より大規模な実験も行われています。イギリスの心理学者リチャード・ワイズマンは、感情の伝播しやすさに着目。人から人へと広く幸福感をつなげていけば、国全体を活性化させられるのだろうかと考えました。

このアイデアを実行に移すべく、ワイズマンは実験プロジェクトを立ち上げ、「1（まったく幸せでない）」から「7（非常に幸せ）」までの7段階で、参加者に自分の幸福度を測ってもらったのです。

この調査が全国メディアで紹介されると、約2万6000人が実験用のサイトで協力を申し出ました。ワイズマンは全員を小グループに分け、数種の幸福感の増幅法を実施するよう指示。1週間後、再びサイトを訪れ、改めて自分の幸福度を測るよう依頼しました。

KEY WORD

② 笑顔の効果

「幸せホルモン」とも呼ばれるセロトニンは、笑顔のときに多く分泌される。するとストレスが軽減され、細胞そのものも活性化するため、笑顔を浮かべることは、免疫力アップにもつながるといわれている。ちなみに日本には「笑う門には福来る」ということわざがあるが、同様の言い回しは世界各地で見られるもの。こうした表現の存在は、先人が経験則として笑顔の重要性に気づいていたことの証左といえる。

増幅法は「感謝の気持ちを持つ」「幸せな記憶をたどる」など、すぐに実践できるものばかり。その中に**「毎日数秒ずつ笑う」があり、実はこのタスクを行ったグループが、最も幸福感の数値が高かった**のです。

人は幸せを感じると、笑顔を浮かべるのが一般的です。そして形だけでも微笑むと、実際に明るい気分になるというのは、前述のストラックの実験でも確認されています。今回の実験で「笑う」グループの幸福度が高かったのは、当然といえるのかもしれません。

ちなみに事前調査では、参加者の45%が自分の幸福度を5～7点と採点。実験後はこれが52%に上昇しています。この変化を実験の影響とは断定できませんが、短期間で幸福度が上がったことは事実です。笑顔にはそれだけ大きな力があるのかもしれませんね。

行動心理学＋α

仕草も感情に影響する？

実験 **うなずき効果の実験**

ある実験で画面に雑多なアイテムを登場させたところ、被験者は垂直方向に移動してきた品の方が、水平方向に移動してきた品より好ましいと感じる結果に。これは「イエス」「ノー」の首の動きと関係しているといわれている。

ルーティーン×行動心理学

14

運動をすると我慢強くなる

エクササイズが脳細胞を適度に刺激

身勝手に感情を爆発させてばかりいては、周囲とよき信頼関係は築けません。豊かな人生を送るためにも、自己コントロール能力を養うことは重要です。そしてこの能力は筋肉と同じように、運動によって鍛えられることが確認されています。

オーストラリアの心理学者ミーガン・オートンと、生物学者ケン・チェンは、18～55歳の男女24名にスポーツジムの会員証をわたし、できるだけ多く利用するようすすめました。被験者はこれまでエクササイズの経験はなく、当初の平均利用回数は週1回でしたが、2カ月の実験の終盤には週3回に。同時に**集中力が増し、不摂生を控え、感情を抑えられるようになった**のです。

まるで魔法のようですが、神経生理学者が被験者の脳を調べると、神経細胞が集まる灰白質（①）と神経繊維が集まる白質（②）が増えていました。つまり、**運動によって血行がよくなり、脳細胞も刺激を受けて大きく育ったというわけです。脳が活性化すれば自己コントロール能力も上向く**ため、ぜひとも運動の習慣を持ちたいものです。

KEY WORD

① 灰白質

脳や脊髄などの中枢神経系の組織のうち、神経細胞が集中している場所のこと。大脳や小脳の表面に近いところに広がっており、見た目が灰色のため、この名がある。

② 白質

脳では灰白質の下層に、脊髄では灰白質を囲んでその外側に束になって延びる神経線維のこと。神経細胞が効率よく連絡するのをサポートする。灰白質に比べて明るく白っぽい。

ルーティーン×行動心理学

15

「左手で歯を磨く」と自制心が鍛えられる

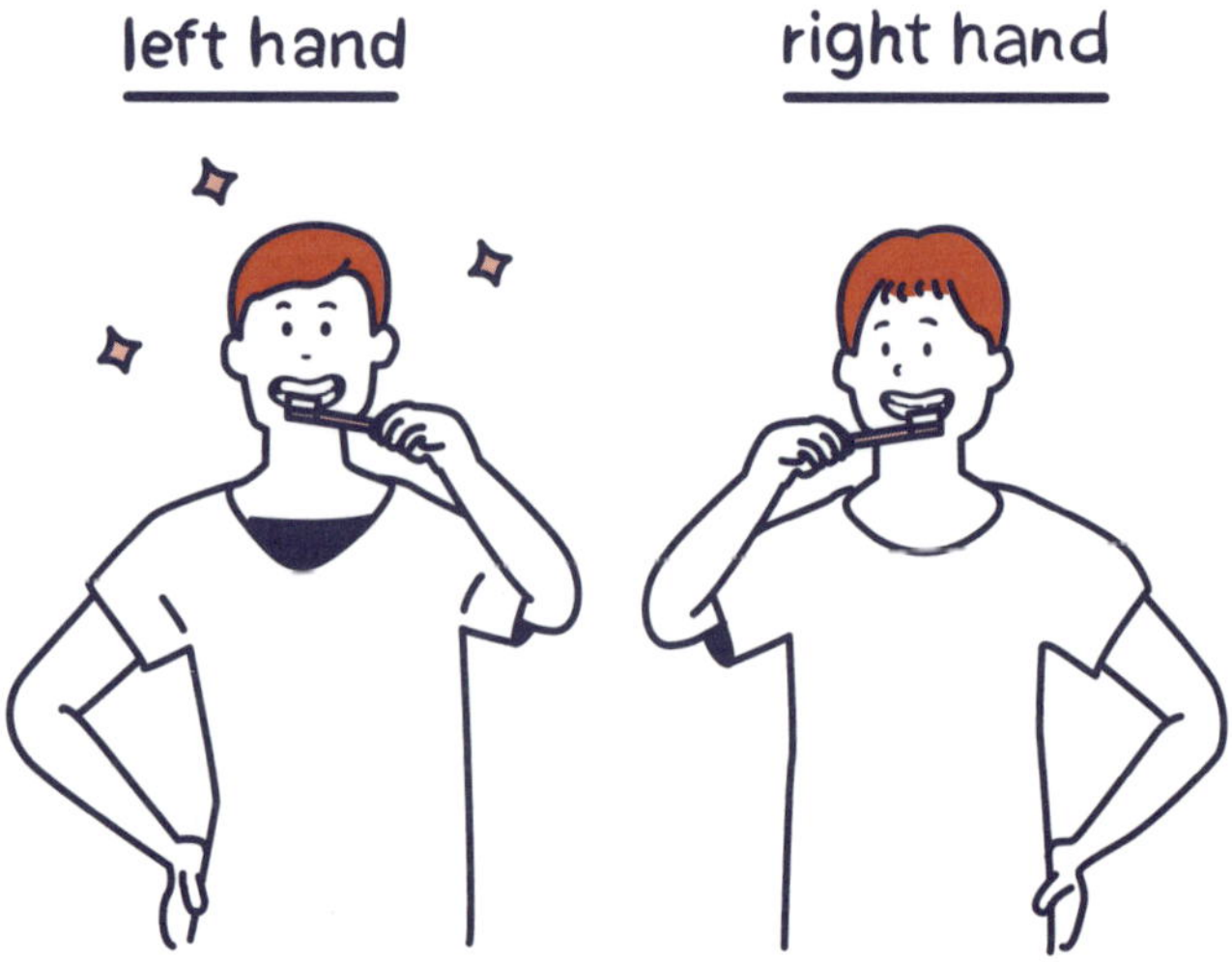

プチ課題をクリアして自分を制御

アメリカのノースウェスタン大学は、ある年、こんな意志力トレーニングの実験を行いました。まず、キレやすい性格の40名の被験者（18〜40歳で、全員パートナーあり）を3つのグループに分け、そのうちの2グループにささいな課題を与えたのです。

第1グループの課題は、逆利き手（①）を使って歯を磨いたり、食事をしたり、ドアを開け閉めしたりすること。第2グループの課題は、汚い言葉を使わないこと。その縛りの中で2週間を過ごしてもらうと、両グループの被験者はパートナーにあまり激昂しなくなったのです。課題なしの第3グループに変化がない点から見て課題を通して自分をコントロールする術を身につけたといえます。

自分を操って「実行が難しい方」を選び続けたため、意志力が高まったのです。とくに逆利き手を使うことには、自制心を司る脳部位が刺激されるという利点もあります。

自制心に自信がない人は、普段の生活から自分に少し負荷をかけるといいかもしれません。

KEY WORD

① 逆利き手

オーストラリアのトーマス・デンソンも、逆利き手に関する実験を行っている。彼は怒りっぽい性格の被験者に、意識して利き手とは逆の手を使って生活するよう指示。被験者はパソコンのマウス操作にも苦労する2週間を過ごしたが、実験前と比べてカッとなることが格段に減ったという。また、両手を使うと左右の脳がバランスよく鍛えられるので、集中力や記憶力のアップも期待できるといわれている。

ルーティーン×行動心理学

16

幸福感があれば すべてうまくいく

ハッピーが成功を連れてくる！

数ある心理学の分野の中でも、幸福感についての研究を行うのがポジティブ心理学（①）です。**人は幸せを感じると、生産性や社交性、創造性などが高まる**といい、研究者は幸福感がもたらす有用性を、さまざまな実験を通して探っています。

ハーバード大学のショーン・エイカーは、同校教員として12年間、学生の心理をつぶさに観察しました。ハーバードといえば、世界最高峰の名門大学。入学者はエリートぞろいですが、その分、プレッシャーに苦しむ者も少なくありません。**一般的な組織と変わらず、全員が自分の力を生き生きと発揮できているわけではない**のです。

それを憂いたエイカーは、順風満帆な学生とつぶれてしまう学生の違いを調べることに。まずは教え子の生活習慣、入学申請書類、成績、学問的・社会的成長の過程、就職先などを細かくチェックしました。さらに自分の講義の受講生（約１１００人）とは、ひとり最低30分の面談も実施。合計約１６００人分の学生の実証データを得て、ポジティブ心理学の側面からの分析を進めたのです。

KEY WORD

① ポジティブ心理学

精神疾患の治療の研究とは別に、通常の人生をより豊かにするための研究を行う心理学の新潮流。ペンシルバニア大学のマーティン・セリグマンが、１９９8年にアメリカ心理学会の会長に就任した際、今後、積極的に発展させていくべき分野だとして提唱した。人間のポジティブな側面に光を当てた人間性心理学の流れを汲んでおり、ごく一般的な人々が、どうすればもっと幸せになれるかを追求するもの。

研究結果は幸福感の重要性を改めて示すものでした。**脳は幸せを感じ、ポジティブな状態にあると、効率よく知的に働きます。生産性もネガティブなときよりも3割はアップするといい、結果として人は大きな成果を挙げるようになる**のです。エイカーはこうした観点から、「成功すれば幸福になる」という考えかたは、正しくないと判断。「幸福であることが成功を呼ぶ」と結論づけました。

また、エイカーは幸せに関する科学的研究のメタ分析（②）も精査。27万5000人を対象にした約200の研究と自説の内容を照らし合わせ、仕事、健康、友情、人間関係、創造性、活力など、あらゆる局面において「幸せが成功に先行する」と考察しています。

日常から幸福を拾い出そう

カリフォルニア大学のソニア・リュボミアスキーも、ポジティブ心理学の研究者です。彼女は2005年に、幸福感がもたらす効能についての実験を実施。被験者にハッピー気分を味わわせ、その後の心理状態などを注意深く観察しました。

KEY WORD

② **メタ分析**

「メタアナリシス」、メタ解析とも。意味合いは「分析の分析」で、複数の研究の結果を統合し、より大局的な見地から再分析することをいう。1960年代に心理学者のロバート・ローゼンタールが、自らの研究テーマに連なる研究を集め、比較する中で生み出した。統計結果が重視される研究においてよく行われ、とくに医療の分野では、治療効果・副作用・予後の臨床結果を統合し、メタ分析することは欠かせない。

リュボミアスキーは日常的かつバラエティに富んだ手法で、被験者の幸福感を高めています。たとえば摘みたての花の香りをかがせる、ポジティブなフレーズを唱えさせる、おいしいチョコレートケーキを食べさせる、コミカルな映画を見せるといった具合です。時に偶然を装って、被験者に道端に落ちているお金を拾わせたりもしました。

こうした実験の結果を分析するとともに、リュボミアスキーもエイカーと同様、類似の研究について深く検証。**幸福感は人を社交的にし、自他に対する愛情を深め、問題解決能力を養うという結論に達しています。**

さらに幸福感はストレスをとり払うことから、免疫力を高め、病気を防ぐ働きも期待できます。つねに「自分は幸せだ」と思って生活すれば、多くのプラスを呼び込めそうです。

行動心理学＋α

幸福度は能力アップも招く

メソッド アメをなめる

幸福度の高さは仕事ぶりにも直結するもの。たとえば、医師にキャンディを配ってから医療判断のシミュレーションをしたところ、何もせずに同じ実験に臨んだ医師よりも、素早く的確な判断を下したという事例が報告されている。

ルーティーン×行動心理学

17

努力を振り返るとやる気が下がる

成果を挙げるとさぼりの虫が騒ぎ出す

意志力を問われる身近な機会の1つに、ダイエットが挙げられるでしょう。食べたい気持ち、だらけたい気持ちを抑え、自分を理想の体型に近づけていくのですから、これはなかなかハードなとり組みです。だからこそ、多少の進歩が見られると、人は自分を褒めてやりたくなります。「やった！　私、頑張ったじゃん」と。

ここで生まれがちなのが気のゆるみ。成果を励みに、さらに努力ができれば最高なのですが、誰もが鉄の自制心を持っているわけではありません。たいていの人の頭には、「頑張った私は偉いし、少しくらいサボってもいいよね」という甘えが浮かんでくるのです。

こうした心の動きを、心理学者たちは「モラル・ライセンシング①」と呼んでいます。このパターンに陥ると、**人は物事の判断基準を道徳的な善悪に置き、「今日はいいことをしたから、多少悪いことをしてもOK」と、自分に許可を与えがちになる**のです。

シカゴ大学のアイエレット・フィッシュバッハと、イェール大学マネジメントスクールのラヴィ・ダールは、ダイエットにまつわる

KEY WORD

① モラル・ライセンシング

直訳すれば「道徳許可証」といったところで、人はモラル的に正しいことをしたと感じると、それを免罪符に逆のことをしてしまうという心理を指す。社会心理学者のベノワ・モナンとデイル・ミラーが発表した概念で、たとえば、何時間もトレーニングに励んで達成感を得たアスリートが、そのまま飲みに繰り出してバカ騒ぎを演じるなど、さまざまなパターンが報告されている。

モラル・ライセンシングの実験を行っています。ふたりは減量中の被験者たちと面談し、地道な努力に対するご褒美として、リンゴまたはチョコレートバーを進呈したいと伝えました。すると、自分が目標体重に近づいていると確認したグループは、85％がチョコを選択。しかし、進捗状況を確認しなかったグループは、やはりチョコを望む人が多かったものの、その割合は58％にとどまったのです。

ダレたら努力する理由を思い出そう

被験者は相反する2つの欲求、つまり長期的な利益である「痩せたい」と、目先の満足の「食べたい」を抱えています。そして実際に痩せたことを確認すると、ひとまずの充足感を得て、今度は別の欲求に目を向けてしまうのです。もちろん、チョコがダイエットの大敵であることはわかっていますが、もともと人間は反発心の強い生き物。たとえ自分で決めたルールであっても、欲求を抑えていると ストレスがたまり、ちょっとしたきっかけでも爆発しやすくなるのです。ましてや成果（＝被験者の感覚では善）が挙がったと知らさ

KEY WORD

② **欲求の解放**

目標に向かって努力し、多少なりとも進歩したと感じると、脳は別の欲求を追うよう精神のスイッチを切り換える。すると、それまで自己コントロールで抑制していた未解消の欲求が浮かび上がり、ちょっとした誘惑に対しても我慢が利かなくなってしまう。これが心理学上の「欲求の解放」という反応で、ダイエットの反動でよくあるドカ食いなどは、この反応の代表格といえる。

れれば、これを盾に「**欲求の解放（②）**」に走るのも、無理のないことです。

　では、モラル・ライセンシングに陥らないためには、どんな心構えが必要なのでしょう。香港科技大学とシカゴ大学の心理学チームは、過去の努力の振り返りを行った学生の70％が、その後、自分を甘やかす行動に出たと報告しています。ところが単なる振り返りではなく、「なぜ誘惑に負けず、努力を続けたのか」を問いかけた場合は、自分を甘やかした学生の率は31％に減少しているのです。

　人は流されやすく、**つねにさまざまな欲求の狭間で揺れ動いています。そうした中でも進化を続けたいなら、なんのために努力するのかを再確認する**こと。そして「よいことだからやる」のではなく、「やりたいことだからやる」に意識をシフトさせるべきです。

行動心理学＋α

理性が疲れると本能が出現

用語　**辺縁系《へんえん》の優位**

脳の領域は２つに大別され、新皮質が理性を、辺縁系が本能を司っている。理性で努力すると新皮質に疲労がたまり、辺縁系が優位に立つことに。そのため本能的な行動に出たくなり、モラル・ライセンシングが起こるともいわれている。

ルーティーン×行動心理学

18

報酬が
やる気を
奪うこともある

高額の報酬は重労働の証？

相手のやる気を引き出すために、魅力的な報酬を用意する、いわゆる「ニンジン作戦①」は、人間の欲をつついて望ましい結果を期待するという、古くからの管理者側の手法です。**素人目には効果抜群に見えますが、実際には「ご褒美提示＝やる気アップ」とはかぎりません。多くの実験では、むしろ逆の結果が出ています。**

イギリスの心理学者リチャード・ワイズマンは、被験者を2つのグループに分け、公園のゴミ拾いをしてもらいました。被験者には「公園を大事にしようと訴えるのに、効果的な方法を探りたい」と説明し、いっぽうには高額を、他方には小額を支払うと約束したのです。そして作業後、仕事を楽しめたかと尋ねると、高額グループの楽しさ度の平均は、10点満点でわずか2点。彼らは**「嫌な仕事だからこその高額報酬」と考え、勤労意欲を下げてしまった**のです。

小額グループの楽しさ度は8・5点でしたから、これはたいへんな違いです。人のやる気を引き出すには、破格の待遇を掲げるよりも、仕事ぶりを褒めるなどした方が効果的といえるでしょう。

KEY WORD

① ニンジン作戦

ニンジン＝ご褒美が逆効果になりえることを、スタンフォード大学のマーク・レッパーも1973年に提示している。彼は子どもを2つのグループに分け、いっぽうにはいい絵が描けたら金メダルを贈ると約束した。だがそのグループの子は、何も知らないグループの子より、ずっとお絵描きに対する熱意が低くなった。金メダルのグループの子は、「ご褒美とは嫌なことのあとに出てくるもの」と考え、絵を描く意欲を失ったのである。

COLUMN 03

ご褒美をあげる？　あげない？

“やる気”を出させる効果的な方法

人を動かす動機には報酬や景品などのご褒美は逆効果？
やる気を促進するために必要なこととは？

誰かに何かをさせたいときについやってしまいがちなのが、ご褒美の提案ですよね。ところが、その作業が一度終わってしまえば、その後にやる気を持続させるのは難しいものです。

この「やる気」について、多くの心理学者が実験を行ってきました。そこでわかったのは「報酬はやる気につながらない」ということでした。

アルファ・コーンによる禁煙の実験では、やる気の持続のために景品を用意したグループの禁煙成功者は1年後には喫煙者に逆戻りする率が高いことがわかりました。また、心理学者のエドワード・デシのパズルを使った実験でも、報酬ありの被験者は時間が終わるとパズルを行わない人が多いことがわかりました。

これは、報酬を約束された行為が「報酬がなければやりたくないこと、つまり嫌な仕事である」というように置き換わるため。楽しくない行動をすることで、実際にやる気がなくなるのです。

では、どのように動機づけするのがよいのでしょうか。

その方法を試したレオン・マンの実験では、報酬なしで禁煙ロールプレイング、つまり喫煙をやめる行為の練習を行いました。すると、被験者はロールプレイングを行わないグループに比べて効果があったのです。

実験

ご褒美は効果あり？　ないほうがよい？

報酬がやる気に与える影響の実験

STEP.1

ある実験で参加者の半分には制限時間内にパズルを解いたら報酬を与えると約束し、もう半分には報酬を与える話をしなかった。その結果、前者は自由時間になると解くのをやめた。

STEP.2

絵を描いてもらうときに、ご褒美を約束した子どもたちは、“嫌な作業をさせるための報酬”と考えた。もういっぽうの子どもは、“約束していない＝楽しいこと”と考えたという。

STEP.3

喫煙者を参加させた実験で、肺がん告知のみ行ったグループと、医者とのロールプレイングで禁煙指導を行ったグループを比較。後日、後者は自ら1日に吸う本数を減らしていた。

結論

何かを行うときに報酬を約束されてやるのは、被験者にとっては「対価が必要な嫌な行為」となってしまう。報酬を約束されないで行う方が楽しく感じたり、自らに必要なことだと感じるように気持ちが変化し、継続する意欲が増すことが、実験結果から判明している。

CHAPTER

04

恋愛 × 行動心理学

恋愛×行動心理学

01

ロマンチックな人ほど恋が発展しない

ポジティブイメージが邪魔をする

映画やドラマの影響か、「いつかは素敵な異性と出会い大恋愛の末に結ばれる」と理想を抱いている人も多いと思います。しかし残念なことに、現実では**ロマンチックな恋愛を思い描くほど、恋の成就から遠のいてしまう**という研究結果が出ています。

ペンシルバニア大学①の**ガブリエル・エッティンゲン②**とトマス・ワッデンは、クラスメートに秘かに片思いをしている学生たちの協力をあおぎました。エッティンゲンらは学生たちに、「この片思いは絶対うまくいく」というポジティブなイメージ、または「この恋愛はうまくいかないかもしれない」というネガティブなイメージを植えつけ、その後の経過を見守ったのです。

たとえば、彼らは学生たちに、大好きな人とのさまざまな場面を想像させました。ポジティブなイメージを持たせるグループには、「屋上でたまたまふたりきりになり、空を見上げながら他愛のない話をした。相手もこの時間を心から楽しみ、誰にも邪魔されたくないと感じていることが伝わってきた。私たちは運命の相手だと思う」

KEY WORD

① ペンシルバニア大学
世界で初めて応用ポジティブ心理学修士課程を設置した大学。ポジティブ心理学はマーティン・セリグマン博士によって創始された、個人や組織、社会がより幸福であるための研究をする学問。

② ガブリエル・エッティンゲン
願望（Wish）、成果（Outcome）、障害（Obstacle）、計画（Plan）の段階を踏んで目標の達成を試みるWOOPを提唱した。

というように、この恋愛が運命的なもので、スムーズにことが運ぶことを想像させるのです。いっぽう、ネガティブイメージを与えるグループには、「大好きな人から話しかけられたが、なぜかそっけない態度をとってしまい距離ができてしまう」というように、恋愛がうまくいかない将来を想像させたのです。

ポジティブなイメージを持たせた方が、自分に自信がつき恋愛がうまくいくと予想する人もいるでしょう。しかし、結果は逆でした。**ポジティブなイメージを持たせたグループは、ネガティブなイメージを与えたグループと比べて行動を起こす人が少なく、恋愛が成就する割合が低かった**のです。

夢見がちだと挫折に弱い

なぜ、このような現象が起こったのでしょうか？　その理由の1つに、ポジティブなイメージを抱いたことで極度に失敗を恐れるようになったということが考えられます。「相手は運命の人で、この恋愛はきっとうまくいく」と思っている人ほど、相手のそっけない

KEY WORD

③ プラス思考

プラス思考やポジティブシンキングの重要性を唱える学者、本などは数多く存在し、成功に欠かせない要素とされてきた。この実験を行ったガブリエーレ・エッティンゲンもポジティブシンキングの権威と位置づけられており、実験によってプラス思考を否定しているわけではない。もてはやされたためにひとり歩きしてしまいがちな「意味をはき違えたポジティブシンキング」に警鐘を鳴らし、正しく活用するための研究といえる。

態度や理想とのギャップに挫折感や物足りなさを感じ、恋愛成就のための行動をとらなくなってしまったのです。

「思いは現実化する」「プラス思考③」でうまくいく」とはよくいわれる言葉です。けれどポジティブなイメージを描くことで成果が挙がらなくなることは、さまざまな心理学の実験で証明されています（19ページ参照）。よい結果をイメージするだけで満足してしまい、努力を怠ってしまったり、**想像上の幸せを壊すことを恐れて、リスクをとろうとしなくなったりする**からです。ロマンチックな恋愛を夢想して楽しむのも、悪いことではありません。しかし、本当に恋を成就させたいと思うのであれば、「このままではうまくいかないかもしれない」と危機感を持つことも大事なのかもしれません。

行動心理学＋α

理想は心を折れやすくする

用語 **パリ症候群**

パリに対して華やかなイメージを抱き過ぎて、実際に現地を訪れた際に適応障害に陥ってしまうことがある。若い女性に多かったこの症状を、精神科医の太田博昭はパリ症候群と名づけた。高過ぎる理想は人の心をくじくこともあるのだ。

恋愛×行動心理学

02

恋人のように振る舞うと恋愛感情が芽生える

心理学者が被験者となり恋人を獲得

世界にはこれだけたくさんの人がいて、どんな形であれ、毎日誰かとかかわって生きている。その中で特定の相手と恋に落ちる。それは特別な相手であると考えるのは当然のことでしょう。そこに運命やロマンを感じるのもよくあることです。それこそが、恋愛初期の高揚した気分の源でもあるはずです。

けれど、心理学的にいえば恋には必ずしも運命やロマン、特別な状況は必要ないという説が有力です。恋は魔法や運命のたまものではない。そう考えた心理学者のひとり、**ロバート・エプスタイン①**は**心理学的法則によって恋愛状態を生むことが可能である**と論じました。そして、自ら被験者となって実験を行ったのです。

実験当時、40代後半で独身だった彼は、科学雑誌で公募を行い、応募してきた女性と親密なデートをします。そして心理学的法則に従って行動すると、ふたりは実際に互いに引かれ合ったというのです。この実験はあまりに個人的であるように思えますが、実は、同じような実験が数多く行われています。

KEY WORD

① ロバート・エプスタイン
ストレス、創造力、恋愛など、多彩な分野で研究を続けるアメリカの心理学者。中でも「恋愛をコントロールする」ことをテーマに、男女の心理と行動についてさまざまな実験や考察を行った。

② ダニエル・ウェグナー
ネガティブな思考を強引にポジティブに持っていったり、無理矢理考えないようにするとかえってネガティブ思考が強まるという心理学的効果を提唱。

振る舞いから事実が生まれる

ハーバード大学のダニエル・ウェグナー（②）は、男女のペアをつくり、2組でペア対抗ゲームをさせました。片方のペアには足をつつき合って味方と意思疎通をはかる〝裏ワザ〟を伝授。もう片方のペアには何も知らせずにゲームに参加してもらいます。何組もの被験者で実験した結果、足を密着させ、つつき合って協働したペアは、互いに相手に強い魅力を感じるという結果が出ています。

ニューヨーク州立大学でも同じような実験が行われています。見ず知らずの男女に任意のペアをつくってもらい、それを2つのグループに分けます。1つのグループには普通に絵を描かせ、ダンスをさせます。もう1つのグループには、男女のいっぽうが目隠しをしたり、ストローをくわえたりした状態で、互いに協力しながら絵を描いたりダンスをさせます。すると、後者の**恋人同士が戯れるような状態でゲームをしたグループのペアは、より相手に興味や好意を抱く**という結果になりました。

KEY WORD

③ 秘密を打ち明け合う
互いに自分のことを深く話すことによって距離が縮まるというのが「自己開示の法則」。打ち明け話が日常的行為である女性に対し、男性にはより秘密の共有で信頼感が強まる傾向が強いとされる。

④ 恋人のような振る舞い
恋人や夫婦の役を演じた男優と女優が、実際につき合う。これはハリウッドでもおなじみの現象だ。人は自分が考え行動したようになっていく。

相手の目を見つめ合う、**秘密を打ち明け合う（③）**など、心理学者はさまざまな方法で恋愛や行動における「振る舞いの効果」を実証してきました。日常生活でも、仲間同士でわいわい飲んでいるときに、「あなたたち仲がいいよね」「あやしいよね」などとからかわれると、とくになんとも思っていなかった相手のことを急に意識してしまう。そんな経験がある人も多いのでは。

事実があって考えや振る舞いが生まれるのか、考えたことや振る舞いが事実になるのか。卵が先かニワトリが先かの議論であり、正確な答えは出ていません。ともあれ、**恋人のような振る舞い（④）が恋愛感情を生みやすくする**という実験結果は現実にあります。恋心を生み出したいときに、試してみてはいかがでしょう。

行動心理学＋α

スキンシップはやっぱり大事

用語 **愛着行動**

イギリスの精神学者、ジョン・ボウルビィは、人間が相手や物に情緒的な結びつきを感じることを「愛着」と呼んだ。そして、スキンシップや微笑み、相手を見つめるなど愛着を深めるために欠かせない行動を「愛着行動」と名づけた。

恋愛×行動心理学

03

嫌われたくない という思いが 破局を招く

「〇〇しないように」はストレスになる

パートナーと生活していく上で、「とにかく相手に嫌われないようにしよう」という気持ちは誰しもが抱いてしまうもの。しかし、**「嫌われないように」という考え方はふたりの生活を破局へ導く**ということを、心理学者シェリー・ゲーブルは実験で証明しました。

彼女は被験者を「パートナーへの愛を示すためにセックスする」という人と「パートナーが気分を悪くしないようにセックスする」に分類し、パートナーとの暮らしを半年間にわたって追跡調査しました。その結果、「愛を示すため」と考えた被験者は性欲がまったく減少しなかったのに対して、「気分を悪くしないように」と考えた被験者は性欲が減少してしまったのです。

これは何も性生活にかぎった話ではありません。「〇〇しないように」という考え方は心理学の世界では**回避目標①**と呼ばれています。**回避目標を持つと行動が消極的②になりストレスがたまります。**「嫌われたくない」という気持ちではなく、「好きになってほしい」という気持ちでパートナーと生活することが大事なのです。

KEY WORD

① 回避目標
「〇〇という結果にならないように、△△しよう」という目標設定の仕方のこと。「評価を下げないために、仕事を頑張る」というように回避目標はストレスにつながることが知られている。

② 消極的
消極的行動はマイナスなものと思われがちだが、必ずしもそうではない。危険を回避することや、謙虚さ、思慮深さには消極的意識や行動が関連している。

恋愛×行動心理学

04

そっけなくしてもモテるわけではない

追わせる効果を語る先人は多いが……

恋愛初期には、あえてそっけない態度で気を引くことの効果がよく語られます。この効果について、ハワイ大学のエレーン・ハトフィールド(①)は、デート斡旋所の協力のもと実験を行いました。

デートの申し込みを受けた女性に、電話口で2つのパターンを実行してもらいます。デートの申し込みに対して、片方のグループはすぐにOKする。もういっぽうのグループは、そっけなさを演出するため3秒の沈黙のあとOKするというものです。

その後、**電話をした男性に女性の印象を聞いてみると、3秒の沈黙の効果は認められない**という結果になりました。意外な結果を受けて、別の実験も試みられました。コールガールの女性が男性と交渉する場合に、すぐに交渉に入るパターンと、「もうすぐ大学に入学するので、その後は気に入った相手としか交渉しない」という話をしたあとに交渉に入るパターンです。後者は女性のプレミアム感を高め、ハードルが高いと感じさせるわけです。

この結果も、交渉の金額が上がるなどの変化は見られませんでし

KEY WORD

① エレーン・ハトフィールド

アメリカの心理学者で『恋愛心理学』の著者。恋愛の基本タイプを尊敬や信頼に基づいた「情け深い恋愛」と「情熱的な恋愛」の2つと定義。情熱的な恋愛は達成感や万能感を伴うことがあるが、強い感情が同じ熱量を持ったままで続くのは難しいため、情熱的な恋愛は長続きしないとも述べている。アメリカ、ロシア、日本を対象にした「結婚相手に求めるもの」の調査では「理解力が重要」という結果が出ている。

た。これらの結果から、まことしやかに語られる「あえてそっけなくする」という技は、必殺技ではないようです。

けれど、一概に役に立たないとはいえないかもしれません。先の2つの実験では、男性が相手の女性を遊び相手として見ていたと考えられます。それであれば、簡単につき合ってくれる女性の方が楽です。けれど真剣なつき合いを望む男性は、交際の申し込みを簡単にOKする女性よりも、そっけない素振りを見せる女性の方が信頼に足ると考えるかもしれません。

そっけなくは相手を見て

「そっけなさ」を利用する場合は、自分が相手にどのように見られたいのかを考えましょう。とりあえず、その男性とひととき楽しく過ごすことができればOKという場合、高嶺の花（②）である必要はありません。お高く止まることはやめて、愛嬌を振りまくべきです。けれど長くじっくりおつき合いをしたい相手であれば、あまり軽々しく誘いに乗るべきではありません。あまりに乗り気だと今ま

KEY WORD

② 高嶺の花
憧れても自分のものにはできない女性に対して使われる。褒め言葉であると同時に恋愛に縁遠いという意味も含まれる。

③ 単純接触効果
繰り返し会うことで、自然に高感度が上がるという心理効果。アメリカの心理学者であるザイオンスは、写真を繰り返し見せる実験で見た回数が多い写真ほど好感度が上がることを証明した。

での交際経験や浮気性であることを疑われることにもなりかねません。そっけなさや迷い、警戒心などをちらつかせながら、それでも「あなたとなら……」という気持ちを伝えるのが、長い交際を考えれば無難だといえます。

また、女性慣れしている男性なら、多少つれなくされてもくじけませんが、最大限の勇気をふりしぼって誘ってきた弱気な男性であれば、ちょっと否定的なことをいっただけで落ち込んでしまうかもしれません。相手につれなくすることは、なかなかに高度な恋の駆け引きなのです。誰にでも効果的な方法ではない以上、そっけなく振る舞うことはやめるべきだと思います。会えば会うほど「**単純接触効果③**」で好感度は上がるもの。相手が会いたくなる人でいることが恋愛成就の秘訣かもしれません。

行動心理学＋α

「恋は盲目」が好まれる

実験 **好感度の実験**

出会ってすぐにつき合いはじめたカップルと、つき合うまでにたっぷり時間をかけたカップルについて、被験者たちに好感度を判断させると、すぐにつき合い出したカップルの方が、より好感を持たれるという予想外の結果が出た。

恋愛×行動心理学

05

胸が大きいと男性が願いを聞いてくれやすい

〇 胸が大きい場合　　✕ 胸が小さい場合

男性は一瞬で胸の大きさに反応する

胸パッドや豊胸手術がこの世に存在するということは、豊かなバストに憧れる女性が多いということ。機能性だけ考えれば、洋服選びや肩こりへの影響の少なそうな控えめ胸の方が楽かと思います。それでも、大きな胸に憧れるのは、その方が男性にモテそうなイメージがあるからでしょうか？　実際のところ、男性は胸が大きい女性が好きなのか、真剣に実証したのがフランス、南ブルターニュ大学のニコラス・ゲゲン博士（①）です。

実験はシンプルかつストレートなものです。ナイトクラブで若い女性にひとりで座らせ、ダンスフロアを羨ましげに眺めてもらいます。そして女性の胸のサイズをパッドで3段階に調整します。1時間ずつ**Aカップ、Bカップ、Cカップとサイズを変えて、声をかける男性の数を調べていった**のです。

結果は予想どおり。Aカップサイズの場合、13回。Bカップの場合19回、Cカップの場合は44回という明確な差が出ました。

ナイトクラブはもともと男女の相手探しの場。性的アピール（②）

KEY WORD

① ニコラス・ゲゲン博士

フランスの行動科学者。音楽と人の行動の関係や、性的魅力についての実験が有名で、従業員が客の腕や背中に軽く触れると、より多くのチップがもらえることを証明した。

② 性的アピール

肉体的、精神的なものや、意識下から無意識のものまである。受け手によっても感じかたがさまざまで、同じことが好意にも嫌悪感にもつながることがある。

が大きくものをいいます。そのため、これだけでは「男性は胸の大きい女性に好意を抱く」という確証を導くのに足りないと、ゲゲン博士は考えました。そして彼が考案したのが、「胸のサイズとヒッチハイクの成功率」の関係を確かめる実験です。

交通量の多い道路脇で女性がヒッチハイクをし、停まってくれた車の数をカウントするという、やはりシンプルなもの。女性は同じように3段階に胸の大きさを変えます。

結果は、女性ドライバーの場合、胸の大きさによる変化はなし。どのサイズでも約9％の人が車を停めました。男性ドライバーの場合は、Aカップの場合、約15％の人が車を停め、Bカップの場合、約18％、Cカップの場合、約24％の人が車を停めたのです。昼間の公道で道端に立つ女性を見た瞬時の判断であっても、**男性は胸の大きさによって行動を変える**ということがわかりました。

TPOをわきまえて異性の本能に訴える

これらの結果から、胸の大きい女性の方が男性に望みを叶えても

KEY WORD

③ シンによる実験

彼は異なった体型を持つ女性のイラストを用意し、106人の男子大学生にその魅力、健康的さ、若さ、セクシーさを評価させた。その結果、標準体型でウエストとヒップの比率が7：10の女性がすべての項目で最も評価が高かったという。ミスコンテストの優勝者やバービー人形もこの比率であることが多く、痩せていることよりも、くびれがあることが男性にモテるための要素であることがこの調査でわかった。

らいやすいということが科学的に証明されました。男性に好かれるという意味では、胸パッドや豊胸手術は効果があるのですね。

また、男性が重要視するのは胸のサイズだけではないようです。テキサス大学の進化生物学者シンによる実験（③）では、**男性は、くびれがはっきりとした女性を魅力的に感じる**という研究結果が出ています。男性が胸の大きな女性やくびれのはっきりとした女性をゲットしたいと思うのは、いわば本能の一部。生殖活動においてすぐれていると判断するなど、さまざまな理由が考えられます。

とはいえ、いつでも胸もとやくびれをアピールするのが得策とはかぎりません。同性からの嫉妬や、女性としての品位という面を考えると、性的なアピールはＴＰＯをわきまえてする必要があります。

行動心理学＋α

クリエイティブな人間はモテる

実験　**ナンパの実験**

南ブルターニュ大学ニコラス・ゲゲン博士らの実験によると、ギターケースを抱えていると、手ぶらやスポーツバッグを持っているときと比べて、ナンパの成功率が高くなることがわかった。人間は創造力に魅力を感じるのだ。

恋愛×行動心理学

06

評判のいい女性は美人に見える

好き嫌いも他人の意見に引っ張られる

美人に見えるかどうかは、その顔立ちだけでなく評判が大事ということを証明した実験があります。心理学者のザキ(①)は、14人の男性の被験者に、180人の女性の顔の写真を見せて容姿を評価してもらいました。そして、その後に友人の評価つきで見せた場合、同じ写真でも評価が変わるという結果が出ました。

これは、**単に友人の評価に合わせただけではありません。**被験者が評価しているときの脳活動も調べると、1回目の評価時と、2回目の評価時では、活発化する脳の部位が違ったのです。つまり、自分自身が感じる魅力度に変化があったということ。「他人の評価によって自分の感じかたが変わる」ことが証明されたわけです。

人気芸能人の顔が、美人の典型(②)として扱われるのは、単に顔の造作が美しいだけでなく、多くの人から支持されているからでもあるのです。**相手に対して自分の評価を上げたいのならば、周囲からのよい評価を得る**こと。それが自分の評価を上げることにもつながるのです。

KEY WORD

① ザキ
「人間は自分にとって利益のあることをするより、集団にとって利益になることを優先する」ことを脳のイメージデータで示したことで有名。

② 美人の典型
人間が顔の造作だけで美醜を判断するのであれば、何年経っても美人は美人として扱われるはずである。しかし、平安美人がおかめ顔だったといわれるように、現在と過去では判断基準が異なることが多い。

恋愛×行動心理学

07

相手に触れるとナンパの成功率が上がる

自然なボディタッチで望みを叶える

異性にそっと腕をなでられたとき、女性の場合は相手によって「とくに気に留めない」「ひそかにドキドキする」「ゾッとする」などのパターンがあるでしょう。ところが男性の場合、女性にそっと触れられると、それが普段なんとも思っていなかった同僚であっても、見ず知らずの相手であっても、ほぼ確実に相手への好意に結びつくことがわかっています。

前出のニコラス・ゲゲン博士（213ページ参照）によると、**ボディタッチ①があるだけで、男性が女性を誘う率が跳ね上がる**といいます。ゲゲン博士は20代の女性に協力してもらい、バーで実験を行いました。男性がひとりで入ってきたときに「キーホルダーのリングが固いので開けてもらえませんか」と頼みます。男性が手伝ってくれた場合、お礼を言って自分の席に戻ります。その際、言葉をかけるだけで席に戻るパターンと、お礼を言いながら男性の腕に1～2秒触れるパターンを比較したのです。

女性が腕に触れなかった場合、15％の男性が彼女を誘ってきまし

KEY WORD

① ボディタッチ
一般的に男性は異性に触れたい欲求が強いとされている。魅力的な女性と話をするだけでも、自然と男性ホルモンが活発化するという実験もある。

② 人との距離
実際の距離と、心理的距離の両方に使われる言葉。人に近づかれると不快に感じるパーソナルスペースは、同じ人間でも、年齢や心理状態、環境などによって変わることがある。

た。腕に触れた場合は、34%の男性が誘いの声をかけたのです。声をかけるまでの時間についても、女性が席に戻ってから平均70秒後に声をかけたのがタッチなしの男性。タッチするとそれが平均31秒にまで縮まりました。わずかな時間の軽いタッチが、男性の心にこれほどまでに作用するということです。

男性に自信を持たせるためにも有効

この実験を見れば、意中の男性には積極的にタッチせよ、ということになります。もちろん、あくまで自然にソフトに、が前提ですが。周囲は気づかなかったり、あるいは「人との距離(②)の近いコだな」程度に思ったりしても、触れられた本人の気持ちにはぐっとアプローチできているはずです。

意中の相手とまでいかなくても、**軽く自然に触れることで相手の好感を得ることにつながります。**恋愛だけでなく、人間関係をスムーズにするためにも使えるテクニックですが、相手に誤解されて間違った期待を持たせない注意は必要でしょう。

KEY WORD

③ スキンシップ
日本にはもともと、日常的に他人とハグしたりキスをしたりする習慣がない。しかし、海外では習慣的にとり入れられている。

④ セクハラ行為
性的な嫌がらせ行為のこと。こういった行為自体は古くから存在していたが、セクシャルハラスメントの概念が広まったことで、日本人の意識を変えたといわれる。

日本人は日常的なスキンシップ（③）が少ないですが、異性間ならなおさらです。それだけに女性が男性に触れる効果は、より大きいと考えられるかもしれません。

ちなみに**「触れることで親近感や好意を抱かせる」こと自体は、男性から女性へも使える手**です。

20代の男性にナイトクラブで女性に声をかけさせる実験で証明したものです。１２０人に声をかけた結果、スローな曲のときに「一緒に踊りませんか？」と言いながら女性の二の腕に触れたときには65％の女性がＯＫしましたが、触れずに言葉だけで誘ったときは43％にとどまりました。

ただし、男性が女性に触れる場合は、セクハラ行為（④）と受け取られないよう十分に気をつける必要があります。

行動心理学＋α

触れることの魔法の効果

実験 タッチの実験

アメリカの研究者が行った実験では「小銭を貸してもらう」「スーパーで試食してもらう」「ウエイターがチップをもらう」などさまざまなシチュエーションで、腕にそっと触れたときの方が願いを叶えてもらえる確率がアップしている。

08

幸せそうな人ほど きれいに見える というのは嘘

幸福度と美しさの関係は複雑

「人の内面が見た目に表れる」なんていうことは昔からよくいわれます。確かに、ポジティブで幸せな気持ちで毎日過ごせば、明るい雰囲気につつまれ、見た目の印象も変わってくるのかもしれません。

もっともらしい説ですが、内面が外面に表れるというのは本当なのでしょうか？　幸福だからといって顔の構造が急に変わるとは考えにくいもの。生き生きとポジティブに過ごすことによって、人に与える印象が変わるなんて、冷静に考えたら疑わしくないでしょうか。こんな疑問に答えるべく、**内面と外見の関連について調べる実験を試みた**科学者がいます。

アメリカの心理学者で**人生満足尺度**①の開発者でもある**エド・ディーナー**②は、幸福と感じている学生と不幸と感じている学生を集めることから実験をスタートしました。

学生たちは「いつもどおりの自分」で研究室に来るよう求められました。さらに女性はノーメイクにアクセサリーもなし。その上で白衣を着て、シャワーキャップをかぶった状態で写真と映像を撮影

KEY WORD

① 人生満足尺度

エド・ディーナーが開発した幸福感の測り方。**A**ほとんどの面で私の人生は理想に近い。**B**私の人生はとても素晴らしい状態だ。**C**私は自分の人生に満足している。**D**私はこれまでの人生で求める大切なものを得てきた。**E**もう一度人生をやり直せるとしても、ほとんど何も変えないだろう。という5つの項目に対して、「まったく当てはまらない」「少し当てはまる」など、どれぐらい同意できるかをチェックし、幸福感を測る。

されました。中には、観光地の顔ハメのように、顔の部分だけ穴の開いたパネルから顔を出した学生もいました。体型も含め、顔の形以外の情報がまったくわからない状況を徹底したのです。

その結果として得られたのは、**本人の幸福感と顔の美しさには、客観的な因果関係が認められない**という事実でした。とくに、装飾的な要素を外せば外すほど、幸福感ときれいさの関係はなくなっていったのです。

美しさに囚われすぎない

この実験により、「幸せだと美しく見られる」というのは幻想だということがわかりました。同時に「美しいからといって、幸福だと感じているわけではない」こともわかったのです。つまり、外見の美しさを追い求めても幸福にはなれないということ。外見の美しさと幸福度にはあまり関連がないのですね。

ただし、幸せを感じている人間は、自分を魅力的だと感じているというデータはあります。自分が美しいと思うことが、幸福感につ

KEY WORD

③ エド・ディーナー

イリノイ大学心理学名誉教授で幸せを科学的に研究するポジティブ心理学の世界的権威。「幸せな人はそうでない人に比べて14%も寿命が長い」説を提言。ドクター・ハピネスとして世界で知られる。

④ 美と幸福

美容整形が近年一般的になり、ボトックス注射など、簡単な施術をする人が増加傾向にある。しかし、美容整形による幸福感の上昇は一時的なものであることが知られている。

ながるというのはごく自然なこと。自分に自信があれば、挑戦する勇気や、それによる達成感も得やすいのですね。

このように美と幸福（③）には複雑な関連があり、一概に結論を出すのは難しいことなのかもしれません。ですが、美しさや客観的に評価されることを目標とするのではなく、**毎日を自分らしく生きることが大切なのではないでしょうか？** そして、それがその人の見た目以外の魅力を高めることにつながっていくはずです。

幸せな恋をして輝くのもその1つ。「恋をすると美しくなる」といわれますが、見た目が変わるのではなく、自分らしくいられる場所ができることによって雰囲気が変わり、結果的にまわりからの評価が高まるのかもしれません。

行動心理学＋α

思い込みが幸福を呼ぶ？

実験 自信の実験

自分が幸せだと思っている人は、外見も含めて、人生をよりポジティブに楽観的に見る傾向があるという実験データがある。そのいっぽう、ディーナーの実験では、幸福でない人は自分の容姿にも自信がないという結果が出ている。

恋愛×行動心理学

09

ドキドキすると恋に落ちるというのは嘘？

ドキドキ有効説とNG説の両方がある

胸の高鳴り、ドキドキは恋愛の症状の第一歩ともいうべき現象として知られています。これを逆手にとって、「恋をしていない状態でも、ドキドキすれば恋に落ちやすくなるのでは？」という仮説を立て、それを実証したのが有名な「**吊り橋効果**（①）」の実験です。

アーサー・アロンらは深い峡谷の揺れる吊り橋と、低い場所の安定した橋の上に女性を立たせ、通りがかりの男性に声をかけてもらいました。すると揺れる吊り橋の上で女性と話した男性の方が、あとからその女性に連絡する確率が高いという結果になりました。

この結果から**吊り橋効果は絶対のものと考えられていますが、反対の実験結果も。**シンディー・メストンらは、実験により**ジェットコースター**（②）に乗ったあとのカップルが、乗る前より相手を低く評価したと述べています。

どちらも特殊な状況下であり、そのまま実験の成果を現実に応用できるわけではありません。どちらに転ぶかわからない以上、ドキドキは恋愛のスパイス程度に考えておくのが得策かもしれません。

KEY WORD

① **吊り橋効果**
「恋の吊り橋効果」とも呼ばれ、人は生理的な興奮や緊張感を共有することで、自分が恋をしていると考えるというもの。

② **ジェットコースター**
吊り橋の実験とは逆の結果になったことに対しては、「リアクションが大き過ぎて引いてしまう」「髪やメイクが乱れたり、顔が引きつったりして、見た目に魅力がなくなる」などさまざまな理由が考えられている。

恋愛×行動心理学

10

突飛なことを言う人はモテる

短時間の会話の中で何を伝えるか

日常生活の中で、突飛なことばかり言う人はうさんくさがられたり、信用されにくかったりすることも多いでしょう。しかし、もし短時間で相手に自分を印象づけなければならないときはどうでしょう。とくに、恋人になれるかもしれない相手に、**短い時間で好印象を持ってもらうためには有効な手段**なのかもしれません。

欧米では合コンよりポピュラーな、**スピードデート（①）**というイベントがあります。たくさんの男女を集め、3分ほどふたりで話す時間をつくります。規定の時間が過ぎると相手を変え、また次の数分間を過ごします。これを次々に繰り返すことによって、短時間の間に多くの人と話をしていきます。そして主催者にもう一度会いたい人を伝え、マッチングが成功したらお互いの連絡先を交換できるというしくみです。

この方法では、通常、初対面の相手と話しはじめるときのように、天気の話など、当たりさわりのない話から入っていく時間はありません。また、自分の内面まで理解してもらえるような深くつっ込ん

KEY WORD

① スピードデート
アメリカで1990年代に考案され、欧米を中心に婚活・恋活の方法として広く行われている。アメリカの人気ドラマ『セックス・アンド・ザ・シティ』にも登場した。

② リチャード・ワイズマン
プロのマジシャンとして世界的に活躍後、人間心理に興味を抱いて心理学を学びはじめ、心理学者として活躍している。超常現象を解き明かす研究でも世界的に知られている。

だ話をすることも無理です。数分で初対面の相手と会話のキャッチボールを楽しむことも、よっぽどの会話の達人でないかぎり難しいことでしょう。

そうなると、できることはかぎられてきます。そんな制限の中で、相手に好印象を持ってもらうための方法を研究した心理学者がいます。心理学者ジェームス・フーラン、キャロライン・ワット、リチャード・ワイズマン②らは、エディンバラ国際科学フェスティバル③で実験を行いました。**男女50人ずつの独身者を集めてスピードデートを行ってもらい、そこで話した内容と、相手に対する評価をくわしく聞いた**のです。

ユニークな質問で好感度がアップ

最も人気を集めた男性参加者は、相手に「自分のことをアイドルでいうと誰に似ていると思う?」という質問をしていました。女性で一番人気の参加者は「自分をピザのトッピングにたとえるとなんだと思う?」と、やはり相手にかなり突飛な質問をしていたのです。

KEY WORD

③ フェスティバル
英国エディンバラで毎年行われる総合フェスティバル。10種以上のフェスティバルの中に科学部門があり(春に開催)、テクノロジーの祭典としては世界初で、ヨーロッパ最大規模といわれている。

④ 会話上手
自分の話3、相手の話7くらいの割合で会話ができると相手をいい気分にさせるといわれる。聞きやすい声、話し方、笑顔など、すぐに使えるスキルも多い。

それでは人気のない参加者たちは何を話したのでしょうか。それは、「仕事は何？」というありきたりな質問や、「僕の愛車はフェラーリなんだけど」という自慢話がほとんどでした。自分のことを一方的に話されるより、質問を受けた方がいい印象を持つのは当然のことといえるでしょう。自分に興味を持ってくれていると感じるからです。けれど、**当たり前の質問をされてばかりでは、何度も同じ答えを繰り返さなければなりません。**そんな状況下で突然驚くような質問をされると、ユニークな人、楽しい人という印象を与えます。そんな相手に対する興味が湧き、もっと話したいという気持ちになるはずです。

会話上手④は人気者の条件。これは恋愛だけでなく、つき合いの浅い人と話すさまざまなシーンで使えるテクニックです。

行動心理学＋α

とりあえず褒めるはNG

メソッド **いったんけなす**

おもしろみのない質問と同じく、相手への効果がいまいちなのが、とりあえず相手を褒めるという方法。ただ褒め続けるよりも、いったんけなしてから褒める方が相手からの好感度を高める有効な手段であることが実験からわかっている。

恋愛×行動心理学

11

喧嘩したときに男性は女性より根に持ちやすい

軋轢《あつれき》を生む男女の生理的な違い

恋人であれ、夫婦であれ、育ってきた環境が違います。時にはコミュニケーションがうまくいかずに喧嘩に発展してしまうこともあるでしょう。そんなとき、「女性の方が男性よりも根に持ちやすい」というのが通説のようですが、事実はそれと異なるようです。

ペンシルバニア大学でマーク・フェインバーグ博士が行った実験では、精神的に不安定になりがちな妊婦138人とそのパートナーを対象に、**お互いに不満に思っていることを議論してもらいました。**そして議論前、議論直後、議論から20分経過後に、ストレスを感じることで分泌される**コルチゾール**（①）の値を測ったのです。

すると、**20分後にコルチゾールの値が議論前の状態に戻りやすいのは女性の方でした。**しかも、議論が白熱したカップルほど、女性が正常値に戻る割合が高かったといいます。つまり**男性**（②）よりも女性の方がストレス状態から脱するのが早かったのです。

これは、妊娠という特別な状況下だけではありません。妊娠していない女性が被験者を務めた同様の実験があります。

KEY WORD

① コルチゾール

主にストレスと低血糖に反応して分泌される副腎皮質ホルモンの一種。多過ぎても少な過ぎても悪影響がある。多過ぎると血糖値の上昇の原因になるため、動脈硬化や糖尿病につながる。また成長ホルモンが減り心身の疲労や老化につながることもあり、ストレスによる健康への悪影響は、コルチゾール過多が大きく関係している。逆にコルチゾールが低過ぎると低血糖値となり、エネルギー不足や不安、緊張などに過敏になることも。

その実験では、スタッフが参加した男女にあえて不快な態度をとります。そして、参加者を怒らせ、不快な刺激で感情がたかぶったときの状態を観察したのです。そのあと、怒らせた直後、または6分後に参加者からスタッフに仕返しのチャンスをつくり、参加者が不快な相手に対してどのような態度をとるのかも調べました。

怒った直後と6分後を比べた場合、仕返しの大きさについては、男女ともに時間の経過による変化はありませんでした。大きな男女差が見られたのは心拍数の変化です。

女性の場合、怒った直後に102bpmあった脈拍が6分後には85bpmと通常の値へ下がりました。しかし、男性の場合は、上がった脈拍が6分間ではもとに戻らなかったのです。

違いを理解することでよい方向へ

実験からわかるように、**女性は生理的な変化をできるだけ早く戻す能力を備えています。**いっぽう、男性は興奮状態を維持してしまい、なかなか冷静になれません。男性の方が、生理的にストレスが

KEY WORD

② 男性

男性がストレスに弱い原因にはさまざまな説がある。ストレスを受ける機会が多い仕事に価値を置く割合が高いことや、ストレスを感じたとき、真剣に向き合って解決しようとするからなど。

③ 男女の生理的違い

男性は不満を感じやすく、女性は不安を感じやすい。このような男女差は数多い。自分の基準を相手に当てはめず、思いやりのある柔軟な対応が求められる。

持続しやすいのですね。

たとえば、喧嘩をした場合、男性は持続するストレスを下げるため、いったんその場を離れて冷静になろうとするという傾向があります。しかし、すでに冷静になっている女性は、「話を聞いてくれない」「自分から逃げる」ととらえ、ないがしろにされたように感じて怒りが増してしまうのです。

個人の性格だけでは片づけられないのが、男女の**生理的違い**（③）。男性は、女性が真剣に話し合いたがるのはふたりの関係をよくしたいからだということを理解する。女性は、男性が建設的な話し合いをするために、いったん距離を置くことが必要だと理解する。

そんなふうに**互いに理解しようとすることで、絆が深まり思いやりのある対応ができる**のではないでしょうか。

行動心理学＋α

理解を深めるための作業!?

言葉 **喧嘩するほど仲がよい**

正しい意味合いとしては、喧嘩ができるほど仲がよい関係だということ。上辺だけうまくとり繕っても互いに遠慮があったり、どちらかが萎縮しているなどという関係は不安定なもの。意見をぶつけ合える関係の方が長続きする。

恋愛×行動心理学

12

ぽっちゃりしている女性は、お腹を空かせている男性にモテる

食事は食欲以外も満たしてくれる

お腹が空くとイライラするのは正常な反応ですが、これはとくに男性に多いようです。そうすると、空腹状態でデートするのは、女性にとって危険に思えます。けれど、ぽっちゃりとした女性が男性に自分を印象づけたいのであれば、空腹(①)のときに会う方がいいことを証明したユニークな実験があります。

心理学者のスワミらは、**食堂へ向かう男子学生に協力をあおぎました。**彼らは男子学生に、さまざまな体型の女性の写真を見せて、魅力的と感じた女性を選んでもらったのです。すると、学食から出てきた学生と比べて、**これから学食へ向かう空腹の学生はぽっちゃりした女性を魅力的と感じるということが証明されました。**

男性は空腹になると女性を欲するという説があります。それは「空腹=危機的状況→子孫を残したい」という太古からの本能(②)から来るものだと考えられています。そして、子孫を残すためには相手の女性が健康体である必要があります。そのため、栄養が豊富そうな、ぽっちゃり型の女性により魅力を感じるというのです。

KEY WORD

① 空腹

男性は子孫を残すため、空腹時に女性を欲しやすい。女性は空腹になると男より先に食料を探すことに必死になる。妊娠しても栄養が足りなければ胎児を育てることができないためだといわれている。

② 本能

本能である食欲と性欲は行動学的にも心理学的にも比較対象にされることが多い。食事を一緒にとることで、心の距離が縮まるという研究結果もある。

恋愛×行動心理学

13

部屋を暗くすると恋が生まれやすくなる

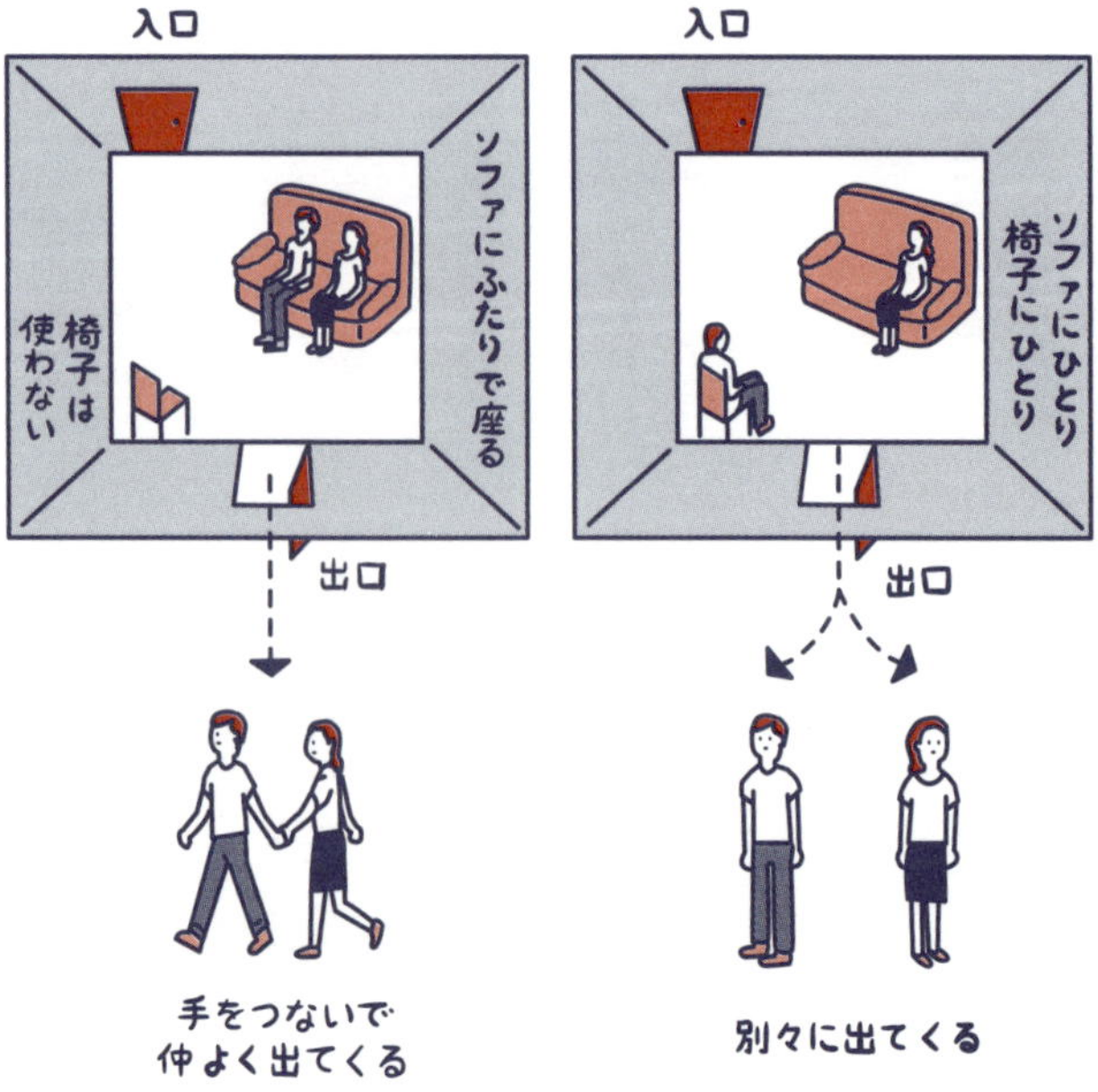

恋人同士が楽しむ状況を真似る効果

愛し合う男女が暗闇の中で過ごせば、人目を気にせずに愛情を深めるでしょう。では、見ず知らずの男女が暗闇で時を過ごしたら、いったいどうなるでしょうか？　吊り橋効果（227ページ参照）と同じく、暗闇が恋を生まれやすくする一因になるのかどうか確かめた実験があります。

スワースモア大学のケネス・ガーゲン①は、実証実験を行いました。初対面の男女でペアをつくり、片方のグループは明るい部屋で、もういっぽうは暗い部屋で、それぞれ1時間過ごします。

すると予想どおり、**暗闇で過ごしたペアは親密度をぐっと増していた**のです。具体的にいえば、明るい部屋で性的興奮を覚えた人が30％だったのに対し、暗い部屋では90％のペアが性的興奮を感じたといいます。しかも、備えつけの赤外線カメラには、暗い部屋の中で**実際に触れ合う、キスをするなど、大胆な行動②に出た者の姿も。**そこまで極端な行動に出るのはNGですが、暗闇が恋のきっかけになる可能性は高いと考えられます。

KEY WORD

① ケネス・ガーゲン

人間関係に関する研究と実証実験で知られるアメリカの心理学者。恋愛に関することから社会学的な側面まで研究の幅は広く、組織論や対話による理解などに関しての著書は日本語にも訳されている。

② 大胆な行動

ガーゲンは実験結果を「暗闇の中の大胆行動」という論文にまとめた。夜は暗闇に加え、交感神経が優位になり生理的にも興奮状態になりやすいという報告も。

恋愛×行動心理学

14

失恋経験は打ち明けない方が立ち直りが早い

時間以外にも解決策がある

人生には楽しいことがあればつらいこともあります。たとえば幸せな恋愛をするほど、失ったときのつらさ、喪失感は大きいもの。立ち直るためには時間と精神力が必要です。この痛手（①）から立ち直るには、**「悲しみや苦痛を書き出し、誰にも見せずに捨て去る」という方法がおすすめ**です。

シンガポール国立大学のシューピン・リ教授は、80人の被験者につらい失恋体験を書き出してもらいました。被験者は2つのグループに分けられ、片方は失恋体験談を提出。もう片方は各自が封筒に入れて封をした上で提出。すると、封印した被験者の方がポジティブな気持ちになっていたことがわかりました。

これは書き出すことで体験を見つめ直し、その上で封印することで心の整理がついたためと考えられます。自分の手でカタをつけたという実感があるわけです。となれば、封をするより、いっそ燃やしてしまうと、なおいいかもしれません。過去とスッキリ決別（②）したいとき、この方法がきっと役立ってくれるでしょう。

KEY WORD

① 痛手
96カ国、5705人を対象にした失恋実験の結果、女性は身体・精神ともに男性より失恋ストレスを受けやすいことがわかった。しかし長く引きずるのは男性。男女とも3カ月で失恋の痛手はある程度は落ち着くとされる。

② 決別
心理学の研究で、過去の出来事を反省すべきことだと考えられるようになると、過去に執着せず前向きになれる傾向があることがあきらかになっている。

恋愛×行動心理学

15

モテる男性は恋人に対して厳しくなりがち

浮気心が刺激されるメカニズム

自分がモテるかどうかで、恋人に対する態度が変わるかを調べた実験があります。心理学者のライドンらによる実験で、彼らはサクラ役の魅力的な協力者に、待合室で待たせた被験者に話しかけるよう指示しました。そのあと被験者には、「デートに遅刻された」など、恋人が腹立たしい行動をとった場面を想像してもらい、それに対して許せるかどうか答えてもらったのです。そして話しかけたサクラ役の魅力の度合いが、恋人へのいらだちの大きさに影響を与えるかどうか調べました。

実験では、魅力の度合いを操作するため、「楽しげに話しかける独身者」または「そっけない態度の既婚者」を演じさせました。このように比較対象を用意する実験を「反応比較実験①」といいます。その結果、**男性は「楽しげに話しかける独身者」と話したとき、恋人に対し「許せない」と答える確率が高くなりました。**誘惑②されても女性にはその傾向が見られず、男性だけがモテると恋人に厳しくなることがわかったのです。

KEY WORD

① 反応比較実験

サクラを複数用意して異なる行動をさせたり、被験者を複数の属性で分類したりと、異なる条件のもとで行われる実験のこと。起こった反応を比較・分類することで一定の法則を見出すことが目的。

② 誘惑

女性は、魅力的な異性からの誘惑を「恋人との関係をおびやかす脅威」と解釈し、恋人が腹立たしい行動をとったとしても許し、関係を維持する傾向がある。

恋愛×行動心理学

16

良好な結婚生活を続けたいと思うなら夫婦デートで映画はNG

長く続く夫婦がやっていること

夫婦にとって倦怠期《けんたい》は深刻な問題です。せっかくご縁があって結ばれた仲なのですから、できれば情熱的な気持ちを維持できた方が毎日の生活にもハリが出るものでしょう。

カリフォルニア大学のアロンらは、結婚生活の満足度にかかわる実験を行っています。**実験に参加した夫婦を2つのグループに分け、片方は映画や外食など「心地よい」と思うことを、もういっぽうはスキーやダンスなど「ワクワクする」と思うことを週に90分行うよう指示。**10週後に結婚生活の満足度を開始前後で比較したところ、「ワクワクする」ことをした夫婦の方が満足度が高くなりました。つまり、夫婦はただ一緒に長く過ごすことより、刺激を感じることを一緒にする方がよいのです。

アロンらはあの有名な「吊り橋実験（①）」も行っています。揺れる吊り橋のドキドキを恋と錯覚（②）するように、夫婦仲にも刺激があった方が満足度は向上するのです。倦怠期を防ぐなら映画よりスポーツを選んでみてはいかがでしょうか。

KEY WORD

① 吊り橋実験

アロンらが行った実験。男性が吊り橋の上で初対面の女性と話をすると、橋が揺れることで感じる生理的興奮（ドキドキ）を恋と錯覚するかということを検証した。

② 錯覚

認識が、さまざまな条件の変化で歪むことを証明した心理学実験は数多い。とくに記憶がそのときにかけられた言葉で改ざんされることを示した実験が有名。

恋愛×行動心理学

17

結婚による幸せは2年で消える?

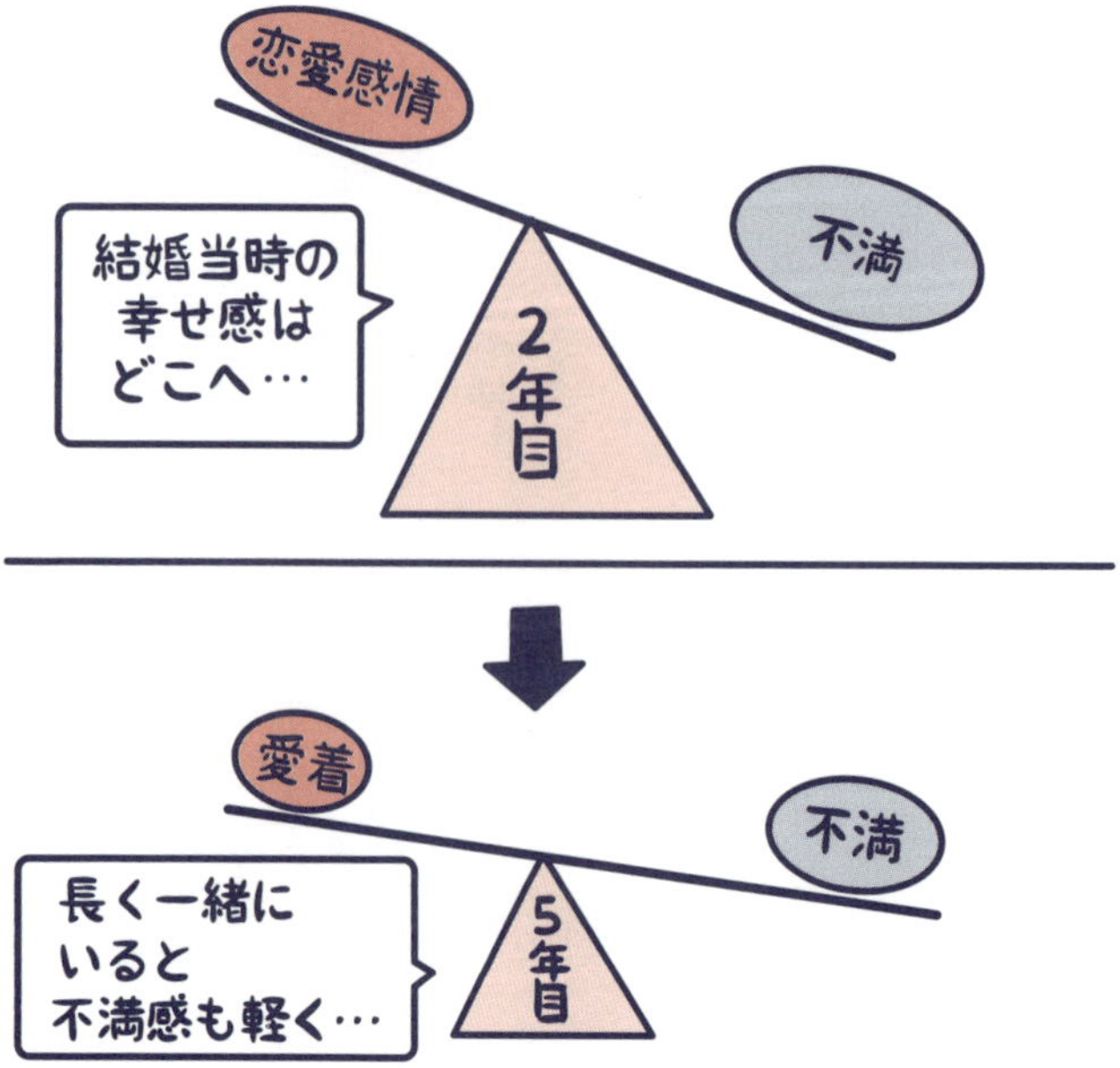

「2年の壁」を乗り越えられるか

離婚率が上昇している現代。どのカップルも永遠の愛を誓い合ったはずなのに、どうして別れを選ぶことになるのでしょうか。その理由に心理学的な分析で迫ってみましょう。

アメリカの心理学者、スーザン・スプレッチャーは107組の夫婦を対象に、それぞれの恋愛感情の変化を年1回、5年間にわたって調査しました。お互いの嫌な部分が許せなくなったり、現実にウンザリしたりするというのは離婚理由として非常によくある話で、調査でも**結婚して2年までは数値は大きくダウン**しました。しかし、4〜5年目に入るとわずかに上がりはじめたそう。つまり、たとえテンションが下がっても**2年を超えて夫婦関係を続ければ、愛着（①）が湧き、関係は落ち着いてくる**のです。

結婚して一緒に暮らすことで、幻滅（②）することが増えてくるのはお互い様。「愛情はどんどん冷めていくもの。しかし永遠に下がり続けるものではない」と心得ておくのが、夫婦関係を長く続けるコツなのかもしれません。

KEY WORD

① 愛着
人に対して親密で情緒的な思いを抱くこと。親子の愛情などで使われる言葉だが、他人同士であっても長く一緒にいることで愛着は生まれる。スプレッチャーの説も結婚期間が4〜5年と長くなったことで愛着が生じたと説明することができる。

② 幻滅
幻滅は、相手に感じる特別感がなくなることで起きる。このように慣れによって快楽が減少することを「快楽順応」という。

恋愛×行動心理学

18

よいことが嫌なことの5倍以上ないと離婚まっしぐら!?

1回喧嘩したら5回喜ばせる

ポジティブな気持ちでいることが大切だということは、多くの人が知っていること。ただ、人の心はどうしてもネガティブな方向に向かいやすいという傾向があります。そして、ネガティブなことがあったときにはその何倍ものポジティブな出来事が必要である、ということが研究の結果、あきらかにされています。

夫婦の関係について研究を行ったアメリカの心理学者、**ジョン・ゴットマン①**によれば、何十年にもわたって**夫婦関係を分析し、夫婦関係が良好であるためには最低でもポジティブ経験とネガティブ経験の比率が5：1でなければならない**のだそうです。つまり、喧嘩をして妻を傷つけたら、1回プレゼントを贈って謝ったくらいではまったく足りないのです。最低でも5回は喜ばせないと**離婚②**に至る、と彼は主張しています。

ゴットマンは約700組の新婚夫婦を対象にしてこのポジティブ・ネガティブの比率を調べました。10年後に離婚しているかどうかの予測は94％という高い確率で正解したそうです。

KEY WORD

① ジョン・ゴットマン
ゴットマンは信頼を「ウィン-ウィンの関係（相互に利益を得られる関係）を協力してつくり上げ、ロス-ロスの関係（相互に不利益を被ることになる関係）を続けることから抜け出すこと」と定義。

② 離婚
ゴットマンは「相手の人格を批判する」「優位な立場から相手を軽蔑する」「防衛的な態度をとる」「拒否的態度をとる」の4つの行動が離婚を招くと分析した。

Zaki,J.,Schirmer,J.,&Mitchell,J.P.(2011)
Social influence modulates the neural computation of value.Psychological Science,22,894-900.

Gueguen,N.(2010)
'the effect of a woman's incidental tactile contact on man later behavior'. Social Behavior and Personality ,38,257-266.

『幸せがずっと続く12の行動習慣』
著／ソニア・リュボミアスキー、監修／渡辺 誠、訳／金井 真弓、発行元／日本実業出版社

D. G. Dutton and A. P. Aron (1974)
'Some Evidence for Heightened Sexual Attraction Under Conditions of High Anxiety'. Journal of Personality and Social Psychology, 30, pages 510-17.

『その科学があなたを変える』
著／リチャード・ワイズマン博士 、訳／木村 博江、発行元／文藝春秋

『実験心理学――なぜ心理学者は人の心がわかるのか？』
著／齊藤 勇、発行元／ナツメ社

V. Swami and M. J. Tovee (2005)
'Does Hunger Influence Judgments of Female Physical Attractiveness'. British Journal of Psychology, 97 (3), pages 353-63.

Gergen, K., Gergen, M., & Barton, W.H.(1973)
'Deviance in the dark'.Psychology Today, 11,129-30.

John Lydon(2008)
'Men and Women Are Programmed Differently When It Comes to Reacting to Temptation, According to Study'. Paper presented at the American Psychological Association.

Reissmann, C., Aron, A., & Bergen, M.(1993)
'Shared activities and marital satisfaction:Casual direction and self-expansion versus boredom'.Journal of Social and Personal Relationships,10-243-54.

Nan Silver; Gottman, John (1999)
'The seven principles for making marriage work'. New York: Three Rivers Press.

Kiecolt-Glaser, J,K.,Loving, T.J., Stowell, J.R., Malarkey, W.B., Lemeshow, S., Dickinson, S.L, et al.(2005)
'Hostile marital interactions,proinflammatory cytokine production, and wound healing'.Archives of General Psychiatry,62(12),1377-1384.

system activity'.Psychophysiology,27(4),363-84.

『ハーバード大学教授が語る「老い」に負けない生き方』
著／エレン・ランガー、訳／桜田 直美、発行元／アスペクト

Snodgrass, S.E.,Higgins,J.G. & Todisco,L.(1986)
'The Effects of Walking Behavior on Mood'. Paper presented at Annual Convention of the American Psychological Association.

E. W. Dunn, L. Aknin and M. I. Norton (2008)
'Spending Money on Others Promotes Happiness'. Science, 319, pages 1687-88.

『幸せがずっと続く12の行動習慣』
著／ソニア・リュボミアスキー、監修／渡辺 誠、訳／金井 真弓、発行元／日本実業出版社

F. Strack, L. L. Martin and S. Stepper (1988)
'Inhibiting and Facilitating Conditions of the Human Smile: A Nonobstrusive Test of the Facial Feedback Hypothesis'. Journal of Personality and Social Psychology, 54, pages 768-77.

S. Lyubomirsky, L. A. King and E. Diener(2005)
'The Benefits of Frequent Positive Affect:Does Happiness Lead to Success?',Psychological Bulletin, 131, pages 803-55.

M. R. Lepper, D. Greene and R. E. Nisbett (1973)
'Undermining Children'sIntrinsic Interest With Extrinsic Reward: A Test of the "Overjustification" Hypothesis'. Journal of Personality and Social Psychology, 28, pages 129-37".

CHAPTER.04

G. Oettingen and D. Mayer, D. (2002)
'The Motivating Function of Thinking About the Future: Expectations Versus Fantasies',Journal of Personality and Social Psychology, 83, pages 1198-212.

Wegner, D.M., Lane, J.D., & Dimitri, S.(1994)
'The allure of secret relationships'.Journal of Personality and Social Psychology,66,287-300.

『人生を「幸せ」に変える10の科学的な方法』
著／ソニア・リュボミアスキー、監修／渡辺 誠、訳／金井真弓、発行元／日本実業出版社

E. Hatfield, G. W. Walster, J. Piliavin and L. Schmidt (1973)
'Playing Hard to Get: Understanding an Elusive Phenomenon', Journal of Personality and Social Psychology, 26, pages 113-21.

N. Guéguen (2007)
'Bust Size and Hitchhiking: A Field Study'.Perceptual and Motor Skills, 105, pages 1294-8.

Regan,T.D(1971).
Effects of a Favor and Liking on Compliance JOURNAL OF EXPERIMENTAL SOCIAL PSYCHOLOGY 7, 627-639.

R. Garner (2005).
'Post-It Note Persuasion:A. Sticky Influence'. Journal of Consumer Psychology, 15, pages 230-7.

T. Gilovich and V. H. Medvec (1995).
'The Experience of Regret: What, When, and Why', Psychological Review, 102, pages 379.95 and T. Gilovich and V. H. Medvec(1994), 'The Temporal Pattern to theExperience of Regret'. Journal of Personality and Social Psychology, 67, pages 357-65.

Emma Seppala, Compassionate Mind, Healthy Body, Science shows why it's healthy and how it spreads, July 24, 2013.

R. B. van Baaren, R. Holland, B. Steenaert and A. vanKnippenberg(2003).
'Mimicry for Money: Behavioral Consequences of Imitation', Journal of Experimental Social Psychology, 39, pages 393-98.

CHAPTER.03

L. A. King(2001)
'The Health Benefits of Writing About Life Goal's'. Personality and Social Psychology Bulletin, 27 ,pages 798-807.

S. Lyubomirsky, K. M. Sheldon and D. Schkade(2005)
'Pursuing Happiness: The Architecture of Sustainable Change',Review of General Psychology, 9, pages 111-31.

G, Oettingen and T. A. Wadden (1991)
'Expectation, Fantasy, and Weight Loss. Is the Impact of Positive Thinking Always Positive?'. Cognitive Therapy and Research, 15, pages 167-75.

『スタンフォードの自分を変える教室』
著／ケリー・マクゴニガル 、訳／神崎 朗子、発行元／大和書房

Mishra A.,Mishra,H.,& Masters,.M.(in press).
The influence of bite size on Quantity of food consumed: A field study.Journal of Consumer Research.

Hellmich, N.(2009)
'Good mood can run a long time after workout' [Electronic version]. USA TODAY. Retrieved September 23,2009,from http://usatoday.com

L. Van Boven and T. Gilovich (2003)
'To Do or to Have: That Is the Question'. Journal of Personality and Social Psychology, 85, pages 1193-202.

Leavenson, R.W., Ekman,P., & Friesen, W.V.(1990)
'Voluntary facial action generates emotion-specific autonomic nervous

『スタンフォードの自分を変える教室』
著／ケリー・マクゴニガル、訳／神崎 朗子、発行元／大和書房

CHAPTER.02

E. Zech and B. Rimé (2005).
'Is Talking About an Emotional Experience Helpful? Effects on Emotional Recovery and Perceived Benefits'. Clinical Psychology and Psychotherapy, 12, pages 270-87.

『しまった!「失敗の心理」を科学する』
著／ジョゼフ・T・ハリナン、訳／ 栗原 百代、発行元／講談社

E. Jones and E. Gordon (1972).
'Timing of Self-Disclosure and its Effects on Personal Attraction'.Journal of Personality and Social Psychology, 24, pages 358-65.

Fowler, J.H., & Christakis, N.A. (2008).
Dynamic spread of happiness in a large social network: Longitudinal analysis over 20 years in the Framingham heart study. BMJ,337, a2338+.

『相手のホンネは「しぐさ」でわかる 』
監修／匠 英一、発行元／ PHP研究所

Christakis, N.A. & Fowler, J.H. (2007).
The spread of obesity in a large social network over 32 years. The New England Journal of Medicine, 357(4), 370-379.

Howard (1990). 'The Influence of Verbal Responses to Common Greetings on Compliance Behavior: The Foot-inthe Mouth Effects'. Journal of Applied Social Psychology, 20, pages 1185-96.

D. M. Oppenheimer (2005).
'Consequences of Erudite Vernacular Utilized Irrespective of Necessity. Problems With Using Long Words Needlessly'. Journal of Applied Cognitive Psychology, 20, pages 139-56.

E. Aronson, B. Willerman and J. Floyd (1966).
'The Effect of a Pratfall on Increasing Interpersonal Attractiveness'. Psychonomic Science, 4, pages 227-8.

J. J. Skowronski, D. E. Carlston, L. Mae and M. T. Crawford (1998).
' Spontaneous Trait Transference: Communicators Take on the Qualities they Describe in Others'. Journal of Personality and Social Psychology, 74, pages 837-48.

『スタンフォードのストレスを力に変える教科書 』
著／ケリー・マクゴニガル、訳／神崎 朗子、発行元／大和書房

Darley, J. M., & Latane, B. (1970).
The unresponsive bystander: why doesn't he help? New York, NY: Appleton Century Crofts.

『Happy Money: The Science of Smarter Spending』
著／Elizabeth Dunn・Michael Norton、発行／Simon & Schuster

Alia J Crum, Peter Salovey, and Shawn Achor(2013).
Rethinking stress: the role of mindsets in determining the stress response.

L. Tabuk (2007).
'If Your Goal is Success, Don't Consult the Gurus'. Fast Company, 18 December.

Berglas, Steven, Jones, Edward E(1978).
Drug choice as a self-handicapping strategy in response to noncontingent success. Journal of Personality and Social Psychology, Vol 36(4), Apr 1978, 405-417.

Niels van de Ven, Marcel Zeelenberg, Rik Pieters(2011).
Why Envy Outperforms Admiration.

S. Spera, E. Buhrfeind and J. W. Pennebaker (1994).
'Expressive Writing and Coping with Job Loss',Academy of Management Journal, 3, pages 722-33.

『なぜ、これを「信じる」とうまくいくのか』
著／マシュー・ハトソン、訳／江口 泰子 、発行元／ダイヤモンド社

S. S. Iyengar, R. E. Wells and B. Schwartz (2006),
'Doing Better butFeeling Worse. Looking for the Best Job Undermines Satisfaction'. Psychological Science, 17, pages 143-9.

『リーダーのためのレジリエンス11の鉄則』
著／昆 正和、発行元／ディスカヴァー・トゥエンティワン

『人生を「幸せ」に変える10の科学的な方法』
著／ソニア・リュボミアスキー 、監修／渡辺 誠、訳／金井 真弓、発行元／日本実業出版社

J. A. F. Stoner (1961).
'A Cornparison of Individual and Group Decisions Involving Risk'. Unpublished master's thesis, Massachusetts Institute of Technology.

『幸せな選択、不幸な選択――行動科学で最高の人生をデザインする』
著／ポール・ドーラン 、訳／中西 真雄美、発行元／早川書房

Thomas AK, Dubois SJ.(2011).
Reducing the burden of stereotype threat eliminates age differences in memory distortion.

Kivetz, R., O. Urminsky, and Y. Zheng. (2006)
“The Goal-Gradient Hypothesis
Resurrected: Purchase Acceleration, Illusionary Goal Progress, and Customer Retention,” Journal of Marketing Research, 43: 39-58.

BOOK STAFF

イラスト ……………… 平松慶
原稿執筆 ……………… 村沢譲／山下大樹／幕田けいた／安野美紀／稲佐知子／赤木麻里

撮影 …………………… 谷脇貢史
スタイリスト ………… 金江朱
ヘアメイク …………… 久慈拓路

カバーデザイン……… 掛川 竜
本文デザイン ………… 酒井由加里 (G.B.Design House)
DTP …………………… 徳本育民
編集 …………………… 坂尾昌昭／山田容子／木村伸二／内山祐貴 (株式会社G.B.)

参考文献

CHAPTER.01

Darley, J. M., & Gross, P. H. (1983).
A hypothesis-confirming bias in labeling effects. Journal of Personality and Social Psychology, 44, 20-33.

L. B. Pham and S. E. Taylor (1999).
'From Thought to Action : Effects of Process- Versus Outcome-Based Mental Simulations on Performance'. Personality and Social Psychology Bulletin, 25, pages 250-60.

T. Gilovich and V. H. Medvec (1995).
'The Experience of Regret: What, When, and Why', Psychological Review, 102, pages 379.95 and T. Gilovich and V. H. Medvec(1994), 'The Temporal Pattern to theExperience of Regret'. Journal of Personality and Social Psychology, 67, pages 357-65.

著者

植木理恵　Rie Ueki

1975年生まれ。心理学者、臨床心理士。お茶の水女子大学卒業。東京大学大学院教育学研究科修了後、文部科学省特別研究員として心理学の実証的研究を行う。日本教育心理学会において最難関の「城戸奨励賞」「優秀論文賞」を史上最年少で連続受賞。現在、東京都内の総合病院心療内科でカウンセリング、慶應義塾大学理工学部教職課程で講師を務める。著書に『「ぷち依存」生活のすすめ』（共著／PHP研究所）、『人を見る目がない人』（講談社）、『本当にわかる心理学』（日本実業出版社）、『小学生が「うつ」で自殺している』（扶桑社）、『シロクマのことだけは考えるな！ 人生が急にオモシロくなる心理術』『好かれる技術 心理学が教える2分の法則』（ともに新潮社）など。

幸運を引き寄せる
行動心理学入門

2017年9月20日 第1刷発行
2021年5月31日 第2刷発行

著者　植木理恵

発行人　蓮見清一
発行所　株式会社宝島社
〒102-8388 東京都千代田区一番町25番地
電話 編集 03-3239-0928
営業 03-3234-4621
https://tkj.jp
印刷·製本　サンケイ総合印刷株式会社

ISBN 978-4-8002-7346-8